本书获教育部人文社会科学研究青年基金项目“流动人口子女异地入学的现实困境、代际流动效应与财政干预机制研究”（项目批准号：24YJC790173）、国家自然科学基金面上项目“流动人口子女义务教育均等化迁移对策、人力资本积累和人力资源有效配置的影响研究”（项目批准号：72173099）资助。

光华财税文库

向上攀登

义务教育公共服务均等化研究

王 茹／著

西南财经大学出版社
中国·成都

图书在版编目(CIP)数据

向上攀登:义务教育公共服务均等化研究/王茹著.
成都:西南财经大学出版社,2025. 7. --ISBN 978-7-5504-6773-6
Ⅰ. G522. 3
中国国家版本馆 CIP 数据核字第 2025KP6968 号

向上攀登——义务教育公共服务均等化研究
XIANGSHANG PANDENG——YIWU JIAOYU GONGGONG FUWU JUNDENGHUA YANJIU
王茹　著

策划编辑:何春梅　李思嘉
责任编辑:李思嘉
责任校对:邓嘉玲
封面设计:墨创文化
责任印制:朱曼丽

出版发行	西南财经大学出版社(四川省成都市光华村街 55 号)
网　　址	http://cbs. swufe. edu. cn
电子邮件	bookcj@ swufe. edu. cn
邮政编码	610074
电　　话	028-87353785
照　　排	四川胜翔数码印务设计有限公司
印　　刷	成都国图广告印务有限公司
成品尺寸	170 mm×240 mm
印　　张	11. 5
字　　数	193 千字
版　　次	2025 年 7 月第 1 版
印　　次	2025 年 7 月第 1 次印刷
书　　号	ISBN 978-7-5504-6773-6
定　　价	78. 00 元

序　一

教育公平是社会公平的基石，而义务教育的普惠性与优质性更是关乎亿万家庭的希望与未来。王茹博士的专著《向上攀登——义务教育公共服务均等化研究》，以其扎实的实证研究与深刻的政策洞察，为这一领域注入了新的学术活力。作为长期关注流动人口子女教育与公共服务配置的研究者，我深感本书的出版恰逢其时，既是对现实问题的科学回应，亦是对学术探索的突破性贡献。

本书具有鲜明的时代价值。中国城镇化进程中，城乡教育资源错配与流动儿童教育困境始终是公共政策的核心关切。王茹博士敏锐地捕捉到这一复杂议题的双重维度——既需破解城乡教育财政投入的结构性失衡，亦需直面异地入学壁垒对留守儿童与流动家庭的多重挤压。她以“人力资本积累”为纽带，将宏观政策效应与微观家庭行为相联结，揭示了教育公平对人力资本与社会发展的深远影响。这种“大问题、小切口”的研究思路，体现了王茹对学术前沿与社会痛点的理解与把握。

在方法论层面，本书的创新令人印象深刻。王茹基于政策文本构建的异地入学门槛指数，突破了传统研究中“城乡二元”的粗放划分，以精细化指标刻画了区域间教育准入的梯度差异。这一工具不仅为量化分析提供了可靠基础，更启示学界关注政策执行中的“隐性壁垒”。此外，动态人力资本积累函数的估计与家庭离散选择模型的嵌套，既延续了国际前沿研究的范式，又充分结合了中国数据的独特情境，为本土化理论模型的构建提供了范例。

尤为值得称道的是，本书始终贯穿着政策设计与学术研究的对话意识。城乡教育财政均等化对人力资本差距的显著改善、积分制入学对住房价格负效应的缓冲作用等结论，为当前教育财政体制改革与户籍制度优化提供了直接依据。关于家庭对公共教育支付意愿的测算，则从需求侧为公共服务定价与资源配置效率的评估开辟了新视角。这些成果与我的研究领域——尤其是《城市的未来——流动儿童教育的上海模式》① 一书中对流动儿童教育权利保障的探讨——形成了深刻共鸣，共同指向“以制度创新弥合发展鸿沟”的核心命题。

作为王茹博士开题答辩的参与者和学术会议的同行者，我见证了她从问题凝练到方法突破的成长轨迹。她对数据的严谨处理、对因果识别的执着探索，以及对政策含义的审慎推演，彰显了青年学者难能可贵的学术品格。本书的完成，不仅是对她博士阶段研究的总结，更标志着她在教育经济学与公共政策交叉领域学术研究的成熟。

当下，中国正处于扎实推动共同富裕与现实高质量城镇化的关键阶段，义务教育均等化既是社会公平的“底线工程”，也是人力资本升级的“战略工程”。本书以科学证据揭示了教育公平的多维价值，其学术贡献是为后续研究提供了理论基石，其政策启示亦将助力制度设计者绘制更精准的改革蓝图。期待这一力作能激发更多学者投身于教育公平研究，让学术之光真正照亮每一个孩子的成长之路。

陈媛媛②

2025 年 5 月于上海

① 陈媛媛教授等所著《城市的未来——流动儿童教育的上海模式》聚焦留守与流动儿童教育权益，系统探讨了教育政策对弱势群体的长期影响，与本书形成学术对话。

② 陈媛媛：经济学博士，上海财经大学讲席教授，博导，经济学院副院长，入选国家级人才计划，曾主持国家社会科学基金重大项目等。

序　二

作为经济学学者，我们长期关注如何通过公平的资源分配促进社会与经济的协调发展，扎实推进共同富裕。城乡义务教育公共服务的均等化是其中不可或缺的一环。王茹在本书中，深入探讨了城乡义务教育均衡发展的复杂议题，不仅揭示了当前教育资源分配中存在的不均衡现象，更在理论与实证层面提供了深刻的分析和有益的建议。

“义务教育公共服务均等化”对于实现共同富裕具有重要的战略意义。首先，从经济增长的角度，教育均等化是转化人口红利为人才红利的关键，尤其在老龄化背景下，提高人力资本质量成为推动经济持续增长的核心。其次，教育公平是基础公平的体现，能确保所有城乡儿童都有平等的发展机会，是实现机会公平的基本条件，对于破解社会阶层固化、减少代际贫困传递具有重要作用。提供均等化的教育服务，可以有效地减少未来社会的不公和增进人民的整体福祉。

尽管“城乡义务教育公共服务均等化”已成为政策制定者的关注重点，但在实际操作中仍面临诸多挑战。我国义务教育学校“城镇挤，农村弱”的局面有着长期的制度根源，要从根本上改善这一局面，面临的是财政与教育系统的系统性改革难题。财政经费是义务教育阶段学校办学的主要经费来源，而我国在 1993 年提出的“逐步提高国家财政性教育经费支出占国内生产总值的比例，在本世纪末达到 4%”的目标直到 2012 年才真正实现。在这一时期，农村地区先后经历税费改革、撤点并校、实施农村义务教育经费保障新机制等，基本教育经费逐步得到财政保障，但办学质量明显落后于城镇地区。自 2013 年以来，我国开展“县域义务教育优质均衡发展督导评估”工作，以着力推动义务教育均衡发展。2021 年所有区县通过认定，并启动新一轮“优质均衡发展督导评估”。值得肯定的是，这些政策推动了乡村学校硬件设施的改善，显著缩小了与城市学校的差距；然而，还需关注的是，乡村学校师资力量等“软件质量”与城市学校依然存在较大差距，远程教学等技术革新是否能够弥补这一差距，“三块黑板”的故事是否能够延续，依然没有肯定的答案。教育财政经费的城乡差异，在多大程度上导致了城乡儿童人力资本积累的差异，又如何影响了城乡劳动者的收入差异，本书通过估计人力资本动态积累函数与反事实模拟，量化了公共教育投入均等化的作用，在一定程度上给出了这些问题的答案。

除财政投入等因素以外，我国义务教育阶段以户籍为基础的“就近入学”制度也是义务教育公共服务不均等的重要原因之一。根据检索，在20世纪，流动人口子女要在非户籍地借读非常的困难，无法通过人口的主动迁移来获取城镇地区的优质教育资源。从2001年开始，我国流动人口规模不断扩大，国家先后出台“两为主”政策并将其纳入《中华人民共和国义务教育法》，取消流动儿童的借读费，一定程度上放宽异地入学限制以推动公共教育服务的均等化。随后，2014年以来的户籍制度改革，以及“两统一”“钱随人走”等政策进一步显示出以破除异地入学桎梏来推动均等化的政策改革思路。然而，改革并非一蹴而就，义务教育实行“以县为主、省级统筹”的财政体制，地方政府在制定异地入学规则时，面临多方面的预算约束，也牵动着各方神经。例如，异地入学规则中有关住房产权的要求与学区房溢价紧密相连，有关社会保险缴纳的要求与地区养老金收支平衡压力相关。所以我们可以看到，在中央不断出台政策推动异地入学门槛降低的同时，部分城市出现“以教控人”、流动人口子女满足异地入学政策但因学位紧张需要排队等待的现象。本书做了扎实的数据搜集与整理工作，揭示城市异地入学难度，并量化其对农村儿童留守概率的影响，评估流动人口对异地入学这一公共服务的支付意愿。

总之，王茹博士的著作在学术上具有创新性，为城乡教育均等化研究做出了重要贡献。本书不仅在理论上提供了新的视角，而且在方法论上展示了深入的分析技能。在实际意义上，王茹的研究成果有助于推动更为公平和高效的教育政策制定，以期达到城乡教育资源的均衡分配的目标，促进全社会的长远发展。作为导师，我深感骄傲和欣慰。我相信，本书的出版不仅标志着王茹学术生涯的新起点，也为学术界和政策制定者提供了重要参考。我对本书的公开出版感到由衷的高兴，并表示祝贺。我深信，王茹将继续保持对学术的热情与对社会责任的担当，在这一领域持续钻研，也希望这本书能在学术界和社会政策领域产生广泛而深远的影响。我衷心祝愿她在今后的研究工作中取得更加丰硕的成果。

徐舒①

2025年5月于成都

① 徐舒：经济学博士，西南财经大学“光华英才”特聘教授，博导，入选国家级人才计划青年项目，曾主持国家社会科学基金重大项目等。

序　三

21世纪以来，我国义务教育经历了从“规模扩张”到“基本均衡”，再到“优质均衡”的发展路径，这体现了我国在义务教育公共服务领域循序渐进地推动共同富裕的政策逻辑，也赋予城乡义务教育公共服务均等化新的时代内涵与历史使命——从保障基本权利转向促进人的高质量发展，为共同富裕筑牢人力资本基石。

2000—2012年是我国义务教育“规模扩张阶段”的关键期，以“两基”攻坚（基本普及九年义务教育、基本扫除青壮年文盲）为核心目标，通过制度创新与财政投入，实现了从“有学上”到“全面覆盖”的历史跨越。2006年修订的《中华人民共和国义务教育法》首次将农村义务教育全面纳入公共财政保障范围，确立了“中央与地方分项目、按比例”的经费分担机制，推动教育投入跨越式增长——2006—2012年中央财政累计安排义务教育经费近5 500亿元，重点投向农村校舍安全工程（2009—2012年改造14.1万所学校）、薄弱学校改造（2010年覆盖中西部23万所农村学校）和“两免一补”（惠及1.2亿名学生，其中中央财政为1 333万名贫困寄宿生提供生活补助）。截至2012年，全国财政性教育经费支出占国内生产总值比例达4.28%，实现1993年《中国教育改革和发展纲要》设定的战略目标，其中义务教育占比超过52%。这一阶段政策成效显著：小学净入学率从99.1%提升至99.79%，初中毛入学率从88.6%提升至100%，全面消除青壮年文盲；但城乡资源配置失衡问题凸显，农村学校大班额比例达17.8%，生均经费城乡差距超2倍，不同地区间教育资源也存在很大差异，为后续均衡化改革埋下伏笔。

2012—2020年，我国义务教育进入“基本均衡阶段”，以消除城乡、区域、校际差距为核心目标，通过标准化建设与制度创新推动教育迈入

“过程公平”新阶段。2012年国务院印发《国务院关于深入推进义务教育均衡发展的意见》，首次提出“县域义务教育基本均衡”量化目标，后续教育部印发《县域义务教育均衡发展督导评估暂行办法》，正式启动督导评估机制，要求县域内生均经费、师资配置等8项指标差异系数：小学≤0.65、初中≤0.55。中央财政累计投入1.2万亿元实施“全面改薄”工程（2014—2020年），重点改造中西部23万所农村薄弱学校，同步推进“县管校聘”改革试点。农村教师生活补助覆盖中西部725个贫困县，惠及130万教师，乡村教师本科以上学历占比提高至62.4%。2015年启动农村义务教育学生营养改善计划全覆盖，中央财政累计投入1 472亿元，惠及3 700万学生。截至2021年年底，全国2 895个县全部通过国家基本均衡督导评估验收，县域内校际差异系数小学降至0.35、初中降至0.31，大班额比例从17.8%降至3.2%。此阶段通过标准化配置破解“乡村弱、城镇挤”的结构矛盾，但“基本均衡”仍侧重硬件均等，未触及教育质量深层差距。例如，农村学校骨干教师比例不足城市的40%，教学质量评估体系尚未统一。这揭示出“过程公平”的局限性，亟须向“结果公平”升级。

2021年以来，我国义务教育迈入“优质均衡阶段”，以《关于构建优质均衡的基本公共教育服务体系的意见》为纲领，以2017年教育部印发的《县域义务教育优质均衡发展督导评估办法》（以下简称《办法》）为抓手，推动教育公平从“过程公平”向“结果公平”跃升。《办法》设立7项核心指标（如每100名学生拥有县级以上骨干教师数：小学≥1人、初中≥1人，生均教学仪器设备值：小学≥2 000元、初中≥2 500元），将目标从以往的“基本均衡”提升至“优质均衡”。中央财政通过“教育强国推进工程”专项投入，2021—2023年安排义务教育资金1.65万亿元，其中72.3%用于中西部薄弱地区，农村学校生均经费年均增幅达9.8%，城乡差距缩小至1.3倍。深化“县管校聘”改革，教师轮岗率提升至31.5%（2023年），县域内骨干教师流动覆盖率达95%，乡村教师本科以上学历占比升至78.6%。教育数字化转型加速推进，“5G+智慧教育”试点覆盖3.2万所学校，国家中小学智慧教育平台累计共享课程资源超600万节，同步实施“双减”政策与新课标改革。至2025年，全国40%的县（市、区）将通过优质均衡评估，2035年将实现全覆盖目标。

浩浩荡荡的教育改革背后既是数万亿元的资源投入，也是无数家庭奋斗攀登的足迹，其中也留下了许多亟待经济学者回答的问题。最为重要的学术问题包括：城乡义务教育公共服务均等化水平究竟如何，应当如何测度？推动义务教育公共服务均等化，在多大程度上促进了农村儿童人力资本积累，改善了城乡人力资本差距，实现了人力资本领域的“共同富裕”目标？什么样的教育财政和政策设计能够更好地缩小城乡人力资本发展的差距？王茹博士的专著《向上攀登——义务教育公共服务均等化研究》，通过严谨的理论分析与实证研究，系统探讨了义务教育均等化的政策效应，为学术界和政策制定者提供了一定参考。

本书通过多维度实证分析，系统揭示了城乡义务教育公共服务不均等对人力资本积累与家庭福利的影响，得出以下核心结论：第一，城乡义务教育财政均等化显著缩小人力资本与收入差距。若农村儿童10~11岁获得与城镇同等的公共教育投入，其人力资本积累差距在14~15岁可缩小37.3%，城乡劳动者首份工作工资差距相应减少12.4%。第二，异地入学限制显著推高留守儿童比例。城市异地入学政策设置可解释区域留守差异的9.2%。积分制入学通过灵活政策设计（如降低住房价格敏感性）缓解了留守问题，但一线城市因人口管控强化限制，留守风险仍居高。第三，家庭对公共教育支付意愿显著，取消限制可改善福利。流动家庭对义务教育公共服务的平均支付意愿为1 301~1 998元/年（占年收入2.8%~4.3%）。全面取消异地入学限制可使实验组（学龄子女家庭）福利提升，高收入地区改革贡献占主导。

以本书的研究为基础，对如何优化教育财政等制度安排，推动城乡教育公平和发展有如下六点政策建议供参考：

第一，完善转移支付制度，提升流动儿童异地入学的“钱随人走”金额，并调整中央、省、区县层级对流动儿童的义务教育财政经费分担比例。当前我国义务教育经费“钱随人走”机制（教育经费随学生流动而动态调整）已初步建立，但其资金规模与精准度仍显不足。流动儿童在流入地入学，可以从户籍地携带至流入地的财政资金为生均公用经费基准定额部分，不到生均公共教育财政成本的1/10。在现行的转移支付制度之下，流入地区县级政府承担了绝大部分流动儿童的教育财政成本，导致流入地政府缺乏为流动儿童提供学位与公共教育服务的动力，这也是中央政府持续呼吁降低异地入学门槛改革却进展迟缓的重要原因。

第二，将流动儿童的异地入学情况纳入县域义务教育优质均衡发展评估中。现行《办法》未将流动儿童教育质量纳入核心指标，一定程度上忽视了农村流动儿童的公共教育服务获得。建议考虑增设三项指标：一是流动儿童公办学校就读率；二是流动儿童与本地儿童学业成绩差异系数；三是跨省流动儿童教育经费保障率，按“钱随人走”资金到位率考核。同时，需建立“以流入地省级政府为主”的监测平台，整合学籍、财政、户籍数据，实时追踪流动儿童教育轨迹。此举将倒逼地方政府打破“本地-流动”二元分割，真正实现“流动人口子女进得来、留得住、学得好”的政策目标。

第三，改善流动儿童的社区成长环境，提高流动儿童聚集的公办中小学的教育质量，为流动儿童存在的特殊问题提供专门的师资和针对性辅导。根据民政部等21部门联合印发的《加强流动儿童关爱保护行动方案》，流动儿童关爱保护已纳入国家基本公共服务均等化战略，需从社区生态与教育服务协同发力。在社区层面，各地需严格落实“15分钟生活圈”标准，优先在流动儿童聚居区配建教育综合体，整合课后托管、心理健康咨询及文化活动空间，并联动住房保障政策，将流动儿童家庭纳入公租房或租赁补贴范围。教育资源配置方面，政策明确要求“按实际服务人口规模配置教育资源”，对流动儿童聚集学校实施生均经费动态调节机制，通过“5G+同步课堂”推动优质教育资源全域覆盖，同时加强师资定向培养。心理健康支持网络构建是另一重点，需建立“预防-筛查-治疗”全链条体系，整合国家卫生健康委员会与社区资源开展心理健康测评等服务。此外，还应通过儿童友好城市建设促进社会融入，例如河北省将流动儿童城市融入纳入考核指标，河南省通过混合编班、优化入学流程保障教育公平。

第四，流动儿童的成长离不开家庭，政府应当构建家庭友好型政策体系促进流动儿童家庭监护能力提升。21世纪教育研究院《中国流动儿童教育发展报告（2023）》测算显示，2021年我国流动儿童“在一起”指数（与父母共同生活的比例）为53.4%，实现了较大的提升，但仍有近半数儿童面临亲子分离困境。为此，建议构建系统性支持政策：一是完善就业政策促进家庭团聚，推动制造业、建筑业等流动人口集中行业建立灵活工时制度，允许父母错峰接送子女，试点“家长学校弹性工作制”（参考成都市锦江区家校社协同模式）；二是强化住房保障，将流动儿童家庭优先纳入公租房分配序列，建立“家庭团聚积分”制度，对连续3年实现团聚的家庭给予租金补贴激励（借鉴深圳市住房保障政策）；三是健全家庭教育支持网络，落实《加强流动儿童关爱保护行动方案》，在流动人口聚居区设立“家长加油站”，提供亲子沟通与心理发展课程，并通过国家中小学智慧教育平台推送定制化资源；四是优化跨区域政策衔接机制，建立“户籍地-流入地”双向责任清单，在京津冀、长三角地区试点“家庭随迁服务一卡通”，集成学籍转移、医保结算等功能（参考湖北省“省内通办”经验）。通过多维政策协同，系统性破解家庭分离困境，为流动儿童构建稳定成长环境。

第五，留守儿童仍然大规模存在，其监护缺失与教育滞后问题亟待系统治理，建议构建“监测预警-精准干预-长效保障”机制：一是强化监护责任，落实《中华人民共和国家庭教育促进法》监护要求，完善评估制度，对失职父母实施信用惩戒（参考江西省监护承诺书制度）；二是完善控辍保学体系，建立“县-乡-校”三级动态监测平台，通过学籍系统与公安户籍数据比对精准识别失学风险（教育部2023年专项行动成果）；三是拓展心理健康服务，依托“童伴妈妈”项目（团中央发起）实现每村至少1名儿童主任，联合国家卫生健康委员会开通心理援助专线（如湖北省12355青少年服务台）；四是激活社会参与，推广安徽省“慈善+社工”模式，引导企业设立留守儿童关爱基金（参照浙江省“护苗计划”）。通过政策组合拳，推动留守儿童从“兜底保障”向“发展赋能”转型。

第六，深入推进大城市的户籍制度改革，特别是为流动儿童提供入学便利，提供更多高质量的基础教育学位。重点围绕三个方面推进：一是建立以居住权益为核心的入学准入机制。推动“入学资格与户籍脱钩”，将连续居住年限、稳定就业及社保缴纳作为核心指标，探索居住证梯度赋权机制，实现居住满一定年限即可享有平等入学权，并推动居住证与学籍、医保等公共服务一体化衔接。二是构建动态适配的学位供给体系。强化省级统筹能力，建立“人口-学位”联动预警模型，推动超大、特大城市通过集团化办学、跨区域资源调配，向流动人口聚集区疏解优质教育资源；优化存量资源利用，如将疏解腾退空间改建为九年一贯制学校，形成供需精准匹配。三是完善公平导向的积分入学制度。优化积分指标设计，降低住房、学历等门槛性权重，强化稳定就业、社区服务等发展性指标，探索跨城市积分互认机制，促进权益累积连续性。同步推进积分系统与政务平台对接，实现入学申请、材料核验全程数字化。

推动城乡义务教育公共服务均等化，是深化农业转移人口市民化战略的核心抓手：其一，破解“半城市化”结构性矛盾。通过“两为主、两纳入”政策框架（以流入地政府管理为主、以公办学校为主，纳入财政保障范围、纳入城市发展规划），强化流入地政府主体责任，系统性消除户籍壁垒对教育权益的分割。其二，强化人力资本代际流动。保障农业转移人口子女“学有优教”，可有效阻断贫困代际传递，通过“县管校聘”“教师轮岗”等机制推动师资均衡配置，为新型城镇化提供可持续的人力资源支撑。其三，促进城乡要素双向流动。以县域义务教育优质均衡发展吸引农业转移人口就近市民化，通过“城乡教育共同体”“集团化办学”等模式优化资源配置，缓解超大城市公共服务压力。

作为王茹的博士生导师，我见证了她从选题到成书的整个研究历程。她以敏锐的问题意识、扎实的计量功底与坚韧的学术态度，在复杂的数据中抽丝剥茧，在庞杂的文献中寻求突破。本书的出版，既是对她多年学术耕耘的肯定，也是对公共服务均等化领域研究的补充。尤为可贵的是，王茹始终秉持“经世济民”的学术信念，其研究结论紧扣政策实践，为缩小城乡差距、促进教育公平和社会流动提供了切实可行的政策启示和完善路径。

当前，我国正处于高质量发展与推动共同富裕的关键阶段，义务教育均等化既是起点，亦是支点，本书的学术价值与实践意义不言而喻。期待这一研究成果能激发更多学者关注教育公平议题，也相信政策制定者能从中汲取智慧，推动制度创新，让每个孩子都能在公平的起点上拥抱未来。

张吉鹏①

2025 年 5 月于济南

① 张吉鹏：经济学博士，山东大学经济学院教授，博导，中青年杰出学者，曾主持国家社会科学基金重大专项等。

前 言

推动公共服务均等化的实现，是我国“十四五”规划的重要内容和2035年的远景目标之一，是推动乡村振兴和共同富裕进程的必然要求。鉴于我国城乡人力资本积累不平等、城乡义务教育公共服务不均等的现实背景，本书以城乡义务教育公共服务均等化为主要研究对象。

微观数据显示，我国城乡居民的受教育程度持续提升，但城乡教育差距并未显著缩小，代际流动性并未显著提升。城乡人力资本积累，是同时影响到经济增长和收入分配的重要议题：一方面，破除农村儿童人力资本积累制度障碍，推动农村居民人力资本充分积累，可以提升我国整体的人力资本水平、推动创新，从而促进经济增长；另一方面，人力资本水平影响居民的劳动力市场报酬，提升农村居民的人力资本水平，有利于增加其收入，缩小城乡收入差距。

与此同时，我国城乡义务教育公共服务存在不均等现象，可能是引致上述现象的重要制度因素。一方面，教育财政经费投入在很大程度上决定了学校的办学质量。数据显示，除北京、上海、广州、深圳（以下简称“北上广深”）一线城市以外，其余城市的地区生均教育财政经费支出均高于农村地区，并且二线城市和初中阶段的差距更为明显。另一方面，我国存在大量的进城务工人员，其子女在流入地面临异地入学限制，导致这一部分儿童无法与本地儿童享有同等的公共教育服务。这两方面的制度因素在多大程度上影响人力资本积累与家庭福利，是本书的主要研究问题。

本书从三个角度分析我国城乡义务教育公共服务均等化的人力资本积累和福利效应。首先，城乡公共教育财政投入的不均等，意味着城乡儿童在学校所接受的教育服务质量存在差异。本书参照已有文献的做法，综合使用潜变量模型、控制函数和最小距离法，在考虑家庭教育投入内生性的情况下，估计了非线性的人力资本动态积累函数，并通过反事实模拟，量化评估了城乡公共教育服务均等化对城乡人力资本差距和收入差距的改善作用。然后，本书按照义务教育学龄规定，采用双重差分模型、结合2013—2016年国家卫生和计划生育委员会（以下简称“卫计委”）流动人口动态监测数据，识别异地入学限制对农村流动人口子女留守概率的影响。根据已有研究验证的留守不利于儿童人力资本积累这一结论，可以验证在我国存在大规模进城务工人员的背景下，异地入学限制对于农村儿童人力资本积累是否存在不利影响。最后，为了进一步量化家庭对公共教育资源的支付意愿，以及城乡公共教育服务均等化的福利效应，为我国教育财政体制改革提供一定的现实依据，本书建立并估计了家庭区域离散选择模型，通过反事实模拟评估了均等化政策效果。

本书得出以下三个方面的结论：①城乡义务教育财政投入均等化可以使城乡儿童人力资本积累差距缩小37.3%，换算成工资性收入，可以缩小12.4%的收入差距。②异地入学门槛显著提升了流动人口学龄子女的留守概率，这一政策差异能解释学龄儿童留守概率区域差异的9.2%。“积分制”入学通过更灵活的制度安排降低了住房价格对流动人口学龄子女留守的不利影响。③有义务教育学龄子女的家庭对于义务教育公共服务的平均支付意愿金额为1 301~1 998元。若其余因素保持不变，取消所有城市的异地入学限制会引致实验组的福利水平提升，这主要是由流入人口集中的高收入地区改革所推动的。

与已有研究相比，本书在研究视角、研究数据和方法上可能具有创新性。在研究视角方面：

第一，本书从多个角度量化城乡义务教育公共服务均等化程度，是对公共服务均等化领域文献的重要补充。本书基于区县层面的教育财政数据进行研究，一方面有利于更细致准确地刻画城乡义务教育公共服务不均等的状况，另一方面有利于结合家庭微观数据进行更深入的因果分析和机制探讨。此外，本书还从流动人口子女在流入地接受公办教育可能性的角度，量化进城务工人员面临的公共教育服务不均的问题，是对公共教育服务均等化领域文献的重要视角补充。

第二，本书估计了我国城乡儿童人力资本动态积累函数，是对人力资本领域文献的重要补充。完整估计非线性人力资本动态积累函数，有利于认识和刻画人力资本积累的动态持续性，各投入要素之间的替代、互补关系，以及通过反事实模拟评估公共教育服务均等化的人力资本积累效应。这一方面是对我国人力资本积累研究的补充，另一方面有利于理解我国公共教育均等化政策的人力资本积累效应，具有一定的政策含义。

第三，本书测算了家庭对公共教育服务的支付意愿，以及取消异地入学限制的福利效应，是对公共服务与家庭行为研究的重要补充。本书从异地入学政策的角度，探讨流动人口公共教育服务可得性对人口流动的影响，是对户籍制度等相关研究的补充。并且，本书测算了流动家庭对义务教育公共服务的支付意愿，以及取消异地入学限制这一举措对家庭福利水平的影响，相关量化分析结论有利于政策制定部门进行损益分析和政策的优化设计。

在研究数据和识别方法层面：

第一，在指标构建方法层面，本书基于从异地入学政策文件搜集整理的原始数据情况，综合使用线性和非线性的降维方法合成指标，可以克服当原始数据中的离散变量较多时，传统的线性降维方法会导致偏误的问题。

第二，本书基于研究问题与目的，采用结构模型从微观数据刻画人力资本动态积累函数与家庭的离散选择行为，实现了理论模型与微观数据的结合。在这一研究范式下，本书可以对义务教育公共服务均等化政策进行反事实模拟，对政策改革效果做出预判。

第三，本书有效地处理了内生性问题。《中华人民共和国义务教育法》（以下简称《义务教育法》）规定了义务教育阶段的学龄。家庭子女是否处于义务教育学龄阶段，为本书识别义务教育公共服务均等化提供了天然的实验组与处理组分组依据。本书在评估异地入学限制对留守儿童的影响时，采用双重差分的策略克服内生性问题。在家庭区域选择模型中，本书也嵌套了双重差分的识别策略来实现参数的无偏估计。

最后，感谢我的导师徐舒教授、张吉鹏教授对本书的指导，感谢西南财经大学财政税务学院与习近平经济思想研究院的支持，感谢我的学生史鸿泽、刘雨璐、王忱、陈楚、刘梦梦、牛凯琳、舒开芯、张玉珍、闫付舒、应航宇的阅读与反馈，感谢西南财经大学出版社的专业帮助。文责自负。

王茹

2025 年 3 月

目　录

1 导论

1.1 研究背景和意义

推动公共服务均等化的实现，是我国“十四五”规划的重要内容和2035年的远景目标之一，是推动乡村振兴和共同富裕进程的必然要求（李实、杨一心，2022；李实、朱梦冰，2022）。本书以城乡义务教育公共服务均等化为研究对象，探讨其对城乡居民人力资本积累与福利的影响，是基于我国城乡人力资本积累不平等、城乡义务教育公共服务均等化程度有待提升的现实背景。以下对这两方面的研究背景进行详细阐述。

1.1.1 研究背景

1.1.1.1 城乡人力资本积累差异

从宏观视角而言，人力资本是影响创新能力与经济增长的关键因素（Becker，1964）。从微观个体而言，人力资本影响个体在劳动力市场的收入，群体之间人力资本积累的差异会引致收入的不平等（Mincer，1958）。当前我国城乡居民收入不平等是不争的事实（罗楚亮 等，2021），一定程度上反映了我国城乡人力资本积累的不平等（陈斌开 等，2010；高跃光 等，2021）。

中国家庭追踪调查数据询问了样本家庭中所有家庭成员及其父母的受教育程度。本书根据中国家庭追踪数据，绘制了不同出生年代的农村和城市居民学历分布情况，以图1-1进行展示。其中，第一行为城市户籍的样本，第二行为农村户籍的样本，三列依次代表出生于1949年前、1949—1979年、1979年后的样本。纵轴代表五类受教育程度人群占该组样本的比例，每组内部比例之和为1：小学及以下、初中或中专、高中、大专、本科及以上。对比不同出生时期的人群可以发现，无论是城市还是农村户籍居民，受教育程度均明显提升。对于出生年份在1979年之后的人群，完成了九年义务教育、拥有初中学历的人群占绝对比例。然而，对比城市和农村样本可以发现，城乡居民受教育程度随出生年代提升的速度与幅度存在明显差异。对于出生时间在1949—1979年的城市户籍样本，初中学历人群的占比已经几乎接近于小学学历人群占比，但农村样本中初中学历人群占比仅为小学学历人群占比的一半左右。对于出生年份在1979年之后的城市户籍居民，高中及以上学历人群占比超过二分之一，这一比例在农村户籍居民中仅为25%左右。

图1-1直观地展示出了我国城乡居民受教育程度的差异，一定程度上说明了城乡居民人力资本积累水平的差异。无论是从提升我国整体人力资本积累从而推动经济持续增长的角度，还是从改善人力资本积累不平等从而降低收入不平等的角度，对于系统认识我国城乡居民人力资本积累差异的来源、破除阻碍人力资本充分积累的制度因素、缩小城乡人力资本积累差距，都具有十分重要的现实意义。

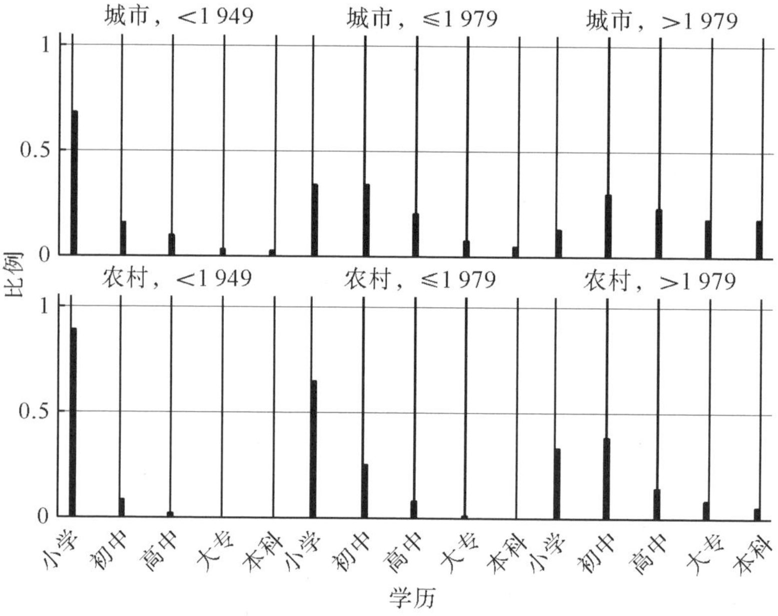

图1-1　城乡居民学历分布

［注：根据2010—2016年中国家庭追踪调查（CFPS）数据绘制］

表 1-1 展示了基于中国家庭追踪调查数据测算的不同年代城市和农村样本父亲（母亲）的教育代际传递弹性。总体来看，子代与母亲的教育代际传递弹性比父亲的弹性更高。城市居民的教育代际传递弹性随着时间降低，但农村居民的教育代际传递弹性没有降低的趋势，并且以更长远的视角来看反而有所提升。上述事实表明，我国城镇居民的教育代际流动性增强，子女受教育程度超过父母的概率提升，但这一趋势在农村居民中并不存在。较高的教育代际流动性，意味着子代有更高的概率向上发展和流动，也意味着社会有更强的发展活力（Chetty et al.，2014；Chetty et al.，2016）。城乡居民教育代际流动性的差异，进一步凸显了提升我国农村地区人力资本积累水平，增强农村地区发展活力从而推动乡村振兴的必要性。

表 1-1　教育代际传递弹性

出生年份	1949 年前		1949—1979 年		1979 年后	
户籍类型	农村	城市	农村	城市	农村	城市
代际弹性-父亲	0.23	0.33	0.27	0.31	0.30	0.26
代际弹性-母亲	0.27	0.42	0.33	0.36	0.32	0.23

注：根据 2010—2016 年中国家庭追踪调查（CFPS）数据测算。

1.1.1.2　城乡义务教育公共服务差异

公共教育服务均等化，是共同富裕的内涵之一。系统理解和量化分析当前我国城乡义务教育公共服务均等化状况，是推动我国城乡义务教育公共服务均等化的前提。与城乡义务教育公共服务直接相关的，是我国义务教育财政经费的投入。图 1-2 展示了 2013 年我国各线城市的城市与农村地区学校的生均财政经费支出水平。对比各线城市内部的城市地区与农村地区，除北上广深一线城市以外，其余城市的城市地区生均财政经费支出均高于农村地区，并且二线城市和初中阶段的差距更为明显。同时，由于我国存在大量由农村流向城市的外出务工人员，流入地与流出地的义务教育公共资源与可得性同样影响农村儿童的人力资本积累情况。

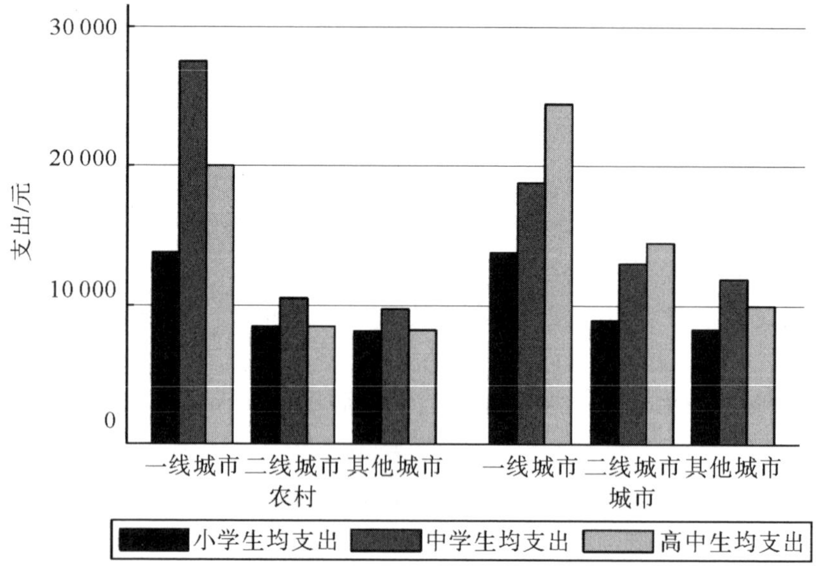

图 1-2　2013 年各线城市城乡生均教育财政经费支出

（注：根据 2013 年教育财政数据绘制）

根据教育部公布的数据，图 1-3 绘制了流动人口、义务教育阶段留守与随迁的儿童数量。义务教育学龄阶段的农村留守儿童数量从 2010 年的 2 272 万，逐步降低到 2020 年的 1 290 万，但依然占全国义务教育学龄儿童的 8.3%左右。随迁儿童数量有相对缓慢的增长，截至 2020 年年底，随迁儿童数量为 1 430 万，占全国义务教育学龄儿童的 9.2%。从总数来看，我国农村义务教育学龄儿童中，受到父母外出务工影响的群体占比为 17.5%左右①。

① 数据来源于国家统计局与教育部的相关发布。

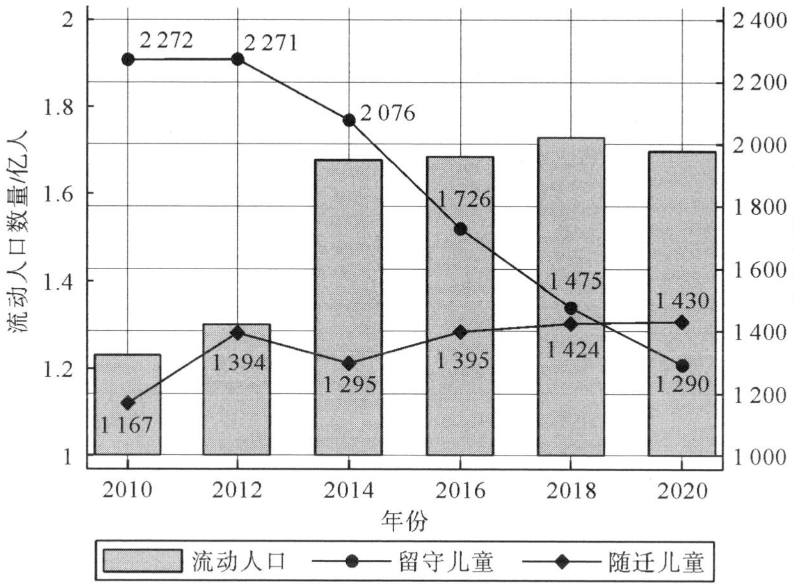

图 1-3　2010—2020 年我国流动人口、义务教育阶段留守和随迁儿童数量

（注：根据国家统计局与教育部发布的数据绘制）

由于我国实行以户籍制度为基础的“就近入学”政策，进城务工人员的子女需要满足流入地地方政府所设定的异地入学政策要求，才能在流入地进入公办学校就读。我国义务教育经费实行“以县为主、省级统筹”，尽管中央政府对地方实行了一定的转移支付（田志磊 等，2015；尹振东、汤玉刚，2016），但地方政府，尤其是流动人口较为集中的城市地方政府，依然设置了较高的异地入学限制（吴贾、张俊森，2020）。如图 1-4 所示，流动人口收入越高的城市，异地入学限制越强，子女在流入地接受公办义务教育的可能性越低。进城务工人员子女若无法克服流入地异地入学限制，或选择进入民办学校就读，或成为留守儿童在老家接受教育。部分城市为了缓解进城务工人员子女在流入地接受教育的问题，建立了进城务工人员子弟校。根据已有文献（段成荣，2015；Meyerhoefe & Chen，2011；Chen & Feng，2013），无论是就读于进城务工人员子弟学校，还是留守在农村老家，均不利于儿童的人力资本积累。

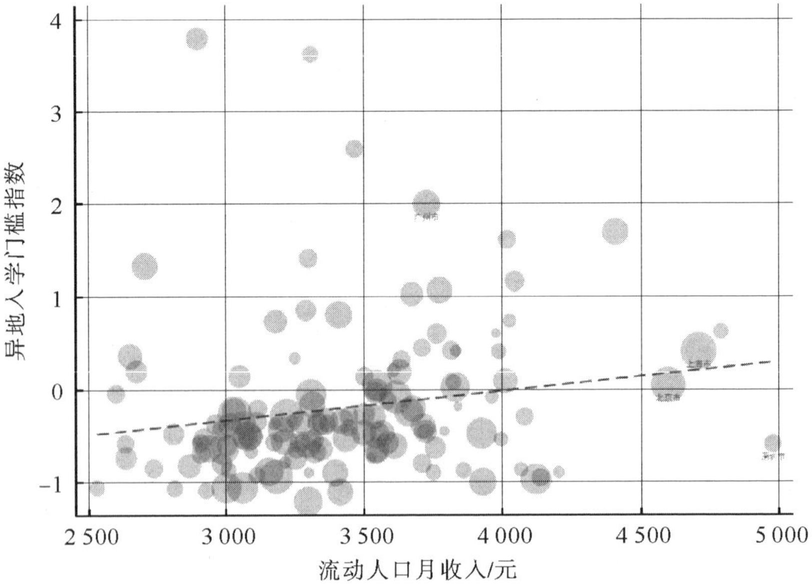

图 1-4　异地入学门槛指数与流动人口收入

（注：流动人口月收入来源于 2013—2016 年卫计委流动人口动态监测调查数据。异地入学门槛指数，为笔者根据搜集整理的 2013—2016 年地级市异地入学政策量化得到。本图以各地级市总人口为权重绘制，散点大小体现了总人口数量多少）

1.1.2　研究意义

基于上述关于城乡人力资本水平差异、义务教育公共服务供给差异的现实背景，本书围绕城乡义务教育公共服务均等化，探究其人力资本与福利效应，具有重要的理论与现实意义。

本书的理论意义体现在以下方面。首先，本书从城乡义务教育财政经费投入、异地入学门槛政策两个方面量化我国城乡义务教育公共服务均等化程度。相关的基础量化工作，有利于本领域量化研究的开展（吴贾、张俊森，2020；杨娟 等，2015；杨俊 等，2008），对本领域研究进行了有益补充。其次，本书参照发展形成的研究方法（Cunha et al.，2010；Orazio et al.，2020；Attanasio et al.，2017），首次估计了我国城乡儿童的非线性动态人力资本积累函数，捕捉了人力资本积累的动态过程、公共教育与家庭教育投入要素的互补性，有利于推动对我国人力资本积累过程的认识（宋弘 等，2022；才国伟、刘剑雄，2014；陈斌开 等，2010）。最后，本书基于微观数据量化分析了异地入学限制对于家庭关于子女留守的决策、公共教育财政投入对家庭教育投入决策的影响，对于家庭行为相关文献提供了新的实证依据（赵颖，2016；吴贾 等，2022；刘生龙、靳天宇，2020）。

本书具有重要的现实意义。首先，本书基于微观数据和政策的搜集整理，量化了我国城乡义务教育财政供给与异地入学限制两方面的不平等，严谨地刻画了我国城乡义务教育公共服务不均等，一定程度上解释了其制度与政策成因。相关结论对于理解我国公共服务均等化程度和制度因素提供帮助。其次，本书揭示了异地入学限制对儿童留守概率的影响，并且对于异地入学政策条款进行了细致而深入的分析，关于社保缴纳时长、积分制入学等具体的设计进行了评估，有利于为政策的优化设计提供现实依据。最后，本书通过反事实模拟，量化评估了城乡义务教育公共服务均等化改革可能引致的人力资本与福利效应，测算了家庭对于义务教育公共服务的支付意愿，相关结论对于政策制定部门评估政策损益、推动均等化改革的政策设计具有一定启示。

1.2 研究思路与内容

1.2.1 研究思路

本书遵循提出问题-量化现实-实证分析-归纳总结的研究思路，以系统评估城乡义务教育公共服务均等化的人力资本积累和福利效应，整体思路如图 1-5 所示。

首先，本书通过对我国相关现实背景进行梳理，提取关键的典型事实，并结合经济理论与机制形成对特征事实之间因果关系的初步判断。具体到本书的研究主题，则是：我国城乡义务教育财政投入不均等与异地入学限制，导致我国城乡公共教育服务存在差异，且大量的进城务工人员子女无法在流入地平等地接受公共教育服务进而被迫成为留守儿童，因此城乡儿童获取的公共教育投入与家庭时间投入不均等，最后体现为城乡儿童人力资本积累的不均等。城乡儿童人力资本水平不均等，一方面影响到农村地区人力资本水平，从而不利于乡村振兴与经济增长；另一方面，人力资本水平的不均等会体现为劳动力市场收入不均等，不利于城乡收入差距的改善。

在梳理了由主要事实特征引发的经济逻辑后，我们通过文件、政策梳理和指标量化来进行理论与数据方面的准备。通过梳理文献，本书发现已有文献在人力资本领域有着丰富的探讨，但基于微观数据的探讨大多为因果关系的定性分析与论证，缺乏严谨的定量证据。原因在于两个方面：一是要实现系统的定量分析，需要借助一定的模型框架。然而已有文献在微观数据与宏观世代交叠等模型层面存在割裂，无法兼顾微观基础与模型测算分析，这也导致对于家庭流动、子女随迁与流动、家庭教育投入的机制分析不清晰。二是在于我国公开的教育财政数据具体到省级层面，导致与城乡公共教育服务直接相关的教育财政数据无法细致刻画或捕捉城乡公共教育服务差距。并且，尽管已有文献对于异地入学限制进行了一定探讨，但缺乏对流入地异地入学限制难度的量化，导致无法严谨和深入地量化其影响。针对上述两方面的问题，我们首先通过文献阅读与梳理，确定了本书所使用到的人力资本积累函数与家庭区域离散选择模型框架，其次搜集整理了 2012—2016 年我国城市异地入学政策文件，并将其中的政策要求量化形成异地入学门槛指数，建立了本书的数据基础。

然后，本书从三个角度分析我国城乡义务教育公共服务均等化的人力资本积累和福利效应。首先，城乡公共教育财政投入的不均等，意味着城乡儿童在学校所接受的教育服务质量存在差异。我们参照已有文献的做法，综合使用潜变量模型、控制函数和最小距离法，在考虑家庭教育投入内生性的情况下，估计了非线性的人力资本动态积累函数。我们并通过反事实模拟，量化评估了城乡公共教育服务均等化对城乡人力资本差距和收入差距的改善作用。然后，我们通过义务教育学龄规定，采用双重差分模型、结合卫计委流动人口动态监测数据，识别异地入学限制对农村流动人口子女留守概率的影响。根据已有研究验证的留守不利于儿童人力资本积累这一结论，可以验证在我国存在大规模进城务工人员的背景下，异地入学限制对于农村儿童人力资本积累是否存在不利影响。最后，为了进一步量化家庭对公共教育资源的支付意愿，以及城乡公共教育服务均等化的福利效应，为我国教育财政体制改革提供一定的现实依据，本书建立并估计了家庭区域离散选择模型，通过反事实模拟评估了均等化政策效果。

最后，综合上述分析结果，本书进一步归纳研究结论，提出一定的政策建议，并说明本书研究的不足和未来的研究方向。

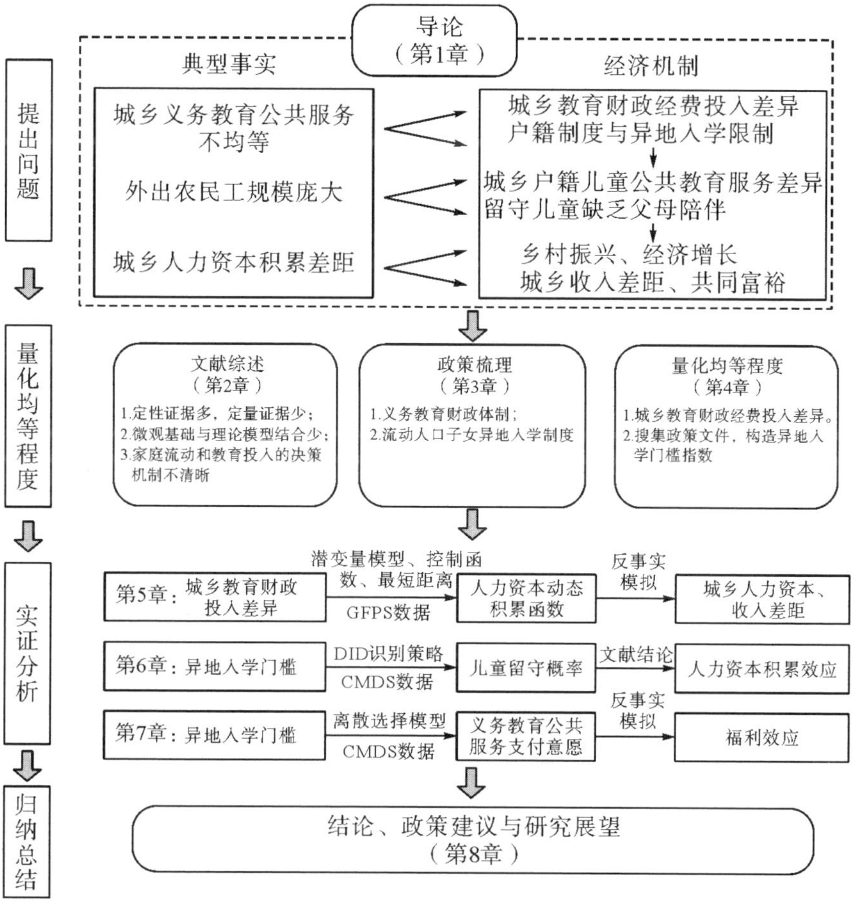

图 1-5　研究思路

1.2.2　研究内容

本书共分为 8 个章节，具体章节研究内容如下：

第 1 章为导论，首先从我国城乡人力资本积累差异和城乡义务教育公共服务均等化两个方面梳理了我国的典型特征事实，并简要阐述了两个现象之间可能的因果关系与经济机制；然后分别阐述了本书研究的理论与现实意义，在交代本书的研究主题后，介绍了本书的研究思路与内容、研究方法；最后交代了本书的创新点。

第 2 章为文献综述，与本书的研究思路相一致，主要从四个方面进行：人力资本动态积累、义务教育均等化与教育财政支出、儿童留守的影响与原因、人口流动与空间资源配置。章末进行了文献评述。该章通过对文献的梳理和总结，一方面明确当前相关领域文献缺乏的研究工作，另一方面确定本书的理论分析框架。

第 3 章为政策梳理。本书关注对象为城乡义务教育公共服务均等化，其由城乡义务教育财政投入和异地入学政策两项具体政策共同决定。该章对两项政策的历史沿革进行了详细梳理，形成了对政策的系统性理解。

第 4 章量化了我国义务教育公共服务均等化状况。该章首先基于 2013 年区县层面的义务教育财政经费投入数据，查看了我国城乡间、区域间的公共义务教育资源差距；然后交代了本书对搜集的城市义务教育异地入学政策的量化过程以及相关特征。该章的研究完成了对我国义务教育公共服务均等化状况的量化。

第 5 章量化了城乡义务教育财政经费投入均等化对缩小城乡人力资本与收入差距的影响。该章综合使用了潜变量模型、控制函数和最小距离法，估计了 10~15 岁儿童人力资本动态积累过程。通过反事实模拟，该章查看了当 10~11 岁农村儿童接受与城镇儿童同等水平的公共教育服务时，城乡儿童人力资本差距会在多大程度上得到缓解。并且，人力资本差距的缓解会进一步在多大程度上缩小城乡劳动者的收入差距。

第 6 章实证分析了义务教育异地入学限制对农村流动人口子女留守概率的影响。直觉上，异地入学限制使得流动人口子女面临在流入地接受公办教育的困难，从而可能成为留守儿童。该章从实证上验证了上述影响，说明了逐步缓解直至取消异地入学限制是实现城乡公共教育服务均等化的必然要求。同时，该章对于政策细则进行了详细的分析，并进行了丰富的异质性分析与机制探讨，以求为政策的优化设计提供启示。

第 7 章估计了家庭区域选择模型，测算了流动家庭对义务教育公共服务的支付意愿和取消异地入学限制的福利效应。该章建立了家庭区域离散选择模型，结合双重差分模型识别城市异地入学门槛对于城市平均效应的影响，进一步测算了流动家庭对义务教育公共服务的支付意愿。然后，该章对于取消各类城市的异地入学限制改革进行了反事实模拟，测算了改革引致的福利效应，为未来的异地入学改革提供了一定的现实依据。

第 8 章给出了本书的研究结论，基于研究发现提出了一些的政策建议以供政策制定部门参考，并展望了本领域的未来研究方向。

1.3 研究方法

1.3.1 文本挖掘技术与结合大数据方法的统计指标构建

构建具有区域可比性的、衡量异地入学难易程度的指标体系，是本书开展实证研究寻找因果关系的基础。由于基础数据来自各地区的政策文件，我们将使用文本分析的方法提取出高频政策关键词，在此基础上确定指标体系的指标构成。同时，各政策关键词的词频也构成指标体系权重构造的重要基础。此外，由于大量异地入学政策的要求是0~1的指示变量，传统基于连续变量的线性降维方法（如主成分分析）将不再适用。我们将引入 Convex PCA 的非线性降维方法，尝试更符合数据特征、信息损失更小的指标体系构造方法。

1.3.2 计量实证研究方法

本书所关注的义务教育阶段公共服务均等化问题，具备天然的双重差分（difference-in-differences）识别环境。《义务教育法》赋予了我国所有公民接受义务教育的权利与义务，同时规定了义务教育的学龄：所有年满 6 周岁的儿童可以进入义务教育阶段。因此，子女是否处于义务教育学龄、即是否年满 6 周岁，天然地构成了本书的实验组与控制组的划分依据。同时，由于家庭教育投入决策与不可观测的人力资本积累冲击相关，可能引致参数估计的内生性问题，本书采用工具变量和控制函数（control function）法进行解决。

1.3.3 最大期望与最小距离算法

在开展第 5 章的研究时，我们一方面需要解决构建不同年龄动态可比的人力资本水平指标，以及克服各变量的测量误差的问题；另一方面需要估计非线性的人力资本动态积累函数。本书拟采用最大期望算法（expectation maximization algorithm）来刻画原始变量的联合混合正态分布，采用最小距离算法（minimum distance algorithm）来实现从原始变量的联合分布估计潜变量的混合联合正态分布参数的目的。并且，结合控制函数法和最小距离算法来估计非线性人力资本动态积累函数。最后基于参数估计结果进行反事实模拟，评估政策效果。

1.4 研究创新

本书从研究视角和研究方法两个方面补充已有文献。

1.4.1 研究视角

首先，本书从多个角度量化城乡义务教育公共服务均等化程度，是对公共服务均等化领域文献的重要补充。已有文献大多基于全国层面城市和农村教育财政数据来衡量城乡差异（陈斌开 等，2010；杨晓军、陈浩，2020），本书基于区县层面的教育财政数据，一方面有利于更细致准确地刻画城乡义务教育公共服务不均等的状况，另一方面有利于结合家庭微观数据进行更深入的因果分析和机制探讨。此外，本书还从流动人口子女在流入地接受公办教育可能性的角度，刻画进城务工人员面临的公共教育服务不均等。我国存在大规模的外出务工群体，已有文献对异地入学政策如何影响这一群体的迁移、教育投入行为以及福利水平并未达成一致，因此量化异地入学门槛指数是对公共教育服务均等化领域文献的重要视角补充。

其次，本书估计了我国城乡儿童人力资本动态积累函数，是对人力资本领域文献的重要补充。现有文献借助政策等外生事件冲击，对母亲收入、公共教育投入、家庭结构等因素对儿童人力资本发展的影响进行了定性分析（吴贾 等，2021，2022；刘生龙、靳天宇，2020；宋弘 等，2022），本书通过估计人力资本动态积累函数，对该领域文献进行补充。具体而言，完整估计非线性人力资本动态积累函数，有利于认识和刻画人力资本积累的动态持续性，各投入要素之间的替代、互补关系，以及通过反事实模拟评估公共教育服务均等化的人力资本积累效应。相关研究一方面补充了我国人力资本积累领域的文献，另一方面有利于理解我国公共教育均等化政策的人力资本积累效应，具有一定的政策含义。

此外，本书刻画了家庭区域离散选择行为，测算了家庭对公共教育服务的支付意愿，是对公共服务与家庭行为领域文献的重要补充。已有研究探讨了户籍制度对于人口流动的影响（梁琦 等，2013；张吉鹏 等，2020；An et al.，2020），本质上是探讨以户籍制度为载体的城市公共服务供给与可得性对于人口流动的影响。本书从异地入学政策的角度，探讨流动人口公共教育服务可得性对于人口流动的影响，是对上述户籍制度相关研究的补充。并且，本书测算了流动家庭对于义务教育公共服务的支付意愿（Chen et al., 2019），以及取消异地入学限制这一举措对家庭福利水平的影响，相关量化分析结论有利于政策制定部门进行损益分析和政策的优化设计。

1.4.2 研究方法

在指标构建方法层面，本书基于从异地入学政策文件搜集整理的原始数据情况，综合使用线性和非线性的降维方法合成指标，可以克服当原始数据中的离散变量较多时，传统的线性降维方法会导致偏误的问题，一定程度上实现了指标构造和政策量化方法上的创新。

本书基于研究问题与目的，采用结构模型从微观数据刻画人力资本动态积累函数与家庭的离散选择行为，实现了理论模型与微观数据的结合。在这一研究范式下，可以对义务教育公共服务均等化政策进行反事实模拟，对于政策改革效果提供预判。

此外，本书有效地处理了内生性问题。《义务教育法》规定了义务教育阶段的学龄。家庭子女是否处于义务教育学龄阶段，为本书识别义务教育公共服务均等化提供了天然的实验组与处理组的分组依据。本书在评估异地入学限制对留守儿童的影响时，采用双重差分的策略克服内生性问题。家庭区域选择模型也嵌套了双重差分的识别策略来实现参数的无偏估计。

2 文献综述

基于研究主题，本书从四个方面梳理已有的相关文献，最后进行文献评述。第一方面的文献关于人力资本动态积累过程。考察人力资本积累过程，以及公共教育财政支出如何影响人力资本水平，是本书的主要研究目标之一。相关文献较为丰富，本书从人力资本积累过程本身、家庭行为与子女教育，以及相关公共政策效果评估三个方面对这一类文献进行系统且详细的梳理。第二方面的文献为义务教育公共服务均等化与教育财政支出，有助于理解我国义务教育财政体制与公共服务均等化沿革。第三方面的文献以留守儿童为切入点，相关文献对儿童留守的影响进行了详细的分析，对儿童留守的原因提供了部分定性分析的结论。第四部分的文献为考察人口流动。考察人口的空间流动关系到人力资本配置效率，从而在短期内影响经济增长。相关文献与理论模型为本书考察义务教育公共服务均等化对人口流动和经济发展的影响提供基础。

2.1 人力资本动态积累

人力资本积累是本书的主要研究对象，也是劳动、发展、家庭经济学等学科的经典研究话题，国内外学者在这一话题上进行了长期持续的深入研究与探讨，积累了大量丰富的研究成果。本部分旨在从三个方面对这一类文献进行系统梳理：

第一，与人力资本动态积累过程直接相关的文献。这一部分文献旨在从形成机制与后续影响两个环节探讨人力资本积累：从形成机制来看，大量学者基于田野实验、政策评估等方式考察人力资本动态积累过程（Chetty et al.，2022）。自 Cunha 等（2010）实现了非线性人力资本动态积累函数的理论创新以来，部分学者在其基础上一方面不断完善和推进研究方法，另一方面从实证上估计了美国（Del Boca et al., 2014）、印度（Attanasio et al., 2020）、秘鲁（Attanasio et al., 2017）等国家不同年龄阶段儿童的人力资本积累函数，丰富了对于人力资本积累过程的认知。从后续影响来看，宏观经济学与发展经济学家围绕人力资本水平与经济增长的关系建立了内生经济增长（Romer, 1986）、人力资本积累增长（Lucas, 1988）等模型以从宏观视角理解人力资本的影响。除经济增长以外，人力资本积累如何影响收入分配（杨娟 等，2015）、产业结构（阳立高 等，2018）、代际流动性（Sieg et al., 2022）等也是学者关注的重要方面。

第二，研究与子女人力资本积累相关的家庭教育投入、劳动供给与地区迁移等行为的文献，涵盖以下具体的内容。早期文献较为关注家庭收入水平以及与之相关的预算约束、收入风险如何影响家庭的人力资本投资从而作用于人力资本水平（才国伟、刘剑雄，2014；李力行、周广肃，2015），近期文献开始重视家庭成员对子女的时间投入因素，并从实证上证明了时间投入对于人力资本积累的重要影响（Del Boca et al., 2017）。从直觉上，上述的家庭教育投入变量是人力资本积累的直接影响因素。除此之外，家庭的生育选择与子女数量（刘生龙、靳天宇，2020；Norris et al., 2021）、劳动供给（Bastian & Lochner, 2020）、居住选择与迁移（Eckert and Kleineberg, 2021）等行为同样可能通过影响家庭与社区环境作用于人力资本积累过程。并且，上述家庭行为是家庭基于预算约束和福利最大化目标做出的内生选择，因此，家庭对子女人力资本积累过程的认知是家庭行为的重要影响因素。理解家庭行为机制及其对公共政策的反应（Greg Duncan et al., 2022），是优化政策设计的必然要求。

第三，评估公共政策在促进人力资本积累、提升代际流动性与社会公平方面效果的研究。包括中国在内的许多国家都实行了以提升低收入家庭劳动者人力资本积累为目标之一的公共政策干预（Duncan et al., 2022）。部分干预以推动教育为直接目标，例如美国著名的学前干预项目 PPP，学者对其评估认为该项目仅在短期内产生了效果，在长期并未产生显著的影响（Heckman et al., 2013；Heckman et al., 2010）。干预力度更大，时间更长的 ABC 启蒙运动则对健康、认知能力和成年后的劳动力市场表现产生了显著的促进作用（Campbell et al., 2014）。还有一些以促进人力资本为附加目标的转移支付政策，学者对其在提升健康水平、增加受教育年限等方面的效果评估尚未达成一致。系统梳理这些政策评估的文献，有利于深入理解其中的经济机制，为评估我国的相关政策提供基础。

2.1.1 人力资本动态积累过程

20 世纪 40 年代开始，部分学者开始关注到人力资本（Schultz，1961；Mincer，1958），但仍旧只是将其作为自身主要关注研究的延伸部分，未能进行系统和深入的分析。直到加里·贝克尔（Cary Becker，1964）正式提出人力资本投资理论框架，系统阐述人力资本的性质、人力资本投资行为，使得人力资本成为系统而完整的体系。加里·贝克尔由此获得了 1992 年的诺贝尔经济学奖，他的著作《人力资本》被西方学术界认为是“经济思想中人力资本投资革命”的起点（王明杰、郑一山，2006；Teixeira，2014）。

人力资本这一概念具有多个维度。不同劳动力市场以不同的方式奖励不同的技能。换言之，不同的技能在生产过程中发挥不同的作用，因此有不同的市场价格（Rosenzweig & Zhang，2013）。在农业经济中，体力可能很重要（程名望 等，2016），认知技能在工业经济和后工业经济中更为重要（Moretti，2004）。社会情感技能，如决心、驱动力、动机、社交能力、控制力等，正受到越来越多的关注（Humphries & Kosse，2017）。不同维度的人力资本可能相互联系与促进。例如：健康与认知能力（Attanasio et al.，2017）、认知与非认知能力（Cunha et al.，2010）之间的相互促进。因此，从不同维度量化和理解人力资本对于客观认识人力资本这一概念与深入研究至关重要。广义上讲，经济学家提出了三种衡量人力资本的主要方法——指标法、成本法和收入法（Heckman & Zhou，2022；Liu，2020）。采用指标法的研究使用单一指标，如平均受教育年限作为人力资本的代理变量。成本法根据支出对人力资本投资进行评估。收入法通过预测人力资本投资产生的预期未来收益的增量来评估人力资本投资的价值。后两种方法具有与国民收入核算实践和其他类型资本衡量方法一致的显著优势，但它们的实施也存在挑战并且无法更为细致深入地测度人力资本。随着微观数据与相关研究的不断深入与发展，大量学者开始基于细致的测试分数等微观数据（Borghans et al.，2016），通过潜变量模型提取人力资本变量（Agostinelli，2017；Cunha and Heckman，2008；Cunha et al.，2010）。已有研究验证了人力资本水平具有深远影响：从微观上，认知与非认知（社会情感）技能影响劳动力市场结果、婚姻市场结果、健康、职业选择与福利水平（Borghans et al., 2008; Almlund et al., 2011）；从宏观上，经济体的整体人力资本水平会影响经济增长、收入差距与社会流动性（Romer, 1986; Lucas, 1988; Sieg et al., 2022）。

关于人力资本积累的影响因素，大量文献进行了探讨。生物遗传学方面的研究表明，基因这一先天因素在一定程度上影响着人力资本水平，是人力资本代际传递的重要渠道。Plomin（1999）研究发现，平均而言，人类有超过50%的特征可以通过基因传递。然而，部分研究认为已有文献对于基因的重要性存在高估（Harris, 2006）。后天环境对先天禀赋产生调节作用，且二者的相对大小并未形成定论（Pluess et al., 2013; Murgatroyd & Spengler, 2011; Meaney, 2010）。家庭教育投入与环境影响儿童人力资本积累，得到实证研究的证据支持。平均而言，长期或永久收入水平较高的家庭对孩子的投资更多，孩子的技能也更高（Gayle et al., 2015）。但文献在区分收入来源的影响或区分纯粹的收入效应与工资和价格变化引起的替代效应方面，尚未达成一致结论。如果部分家庭的收入变化源于劳动力供应的变化，收入与时间投入均会影响儿童的人力资本发展（Agostinelli & Sorrenti, 2022; Del Boca et al., 2017; Bastian & Lochner, 2020）。吴贾等（2022）借助全球茶叶价格的外生变化对母亲收入的影响发现母亲收入的提高有利于改善家庭氛围，从而促进子女的非认知能力发展。此外，有大量文献将儿童发展与社会经济因素联系起来。例如，Duncan 等（1994）强调了贫困以及贫困的持续时间会对儿童的发展产生影响，宋弘等（2022）研究发现教育扶贫工程显著提高了贫困地区义务教育阶段少儿的认知能力和部分非认知能力，家庭教育支出是其中的一个重要影响机制。此外，许多国家实施了对儿童人力资本积累的干预政策，大量文献对其进行了评估，本书在之后的章节对公共政策如何影响人力资本积累的文献进行系统梳理，在此不做赘述。

已有研究提供了大量实证证据以证明生命周期早期人力资本积累状况具有长期持续的影响。Currie 和 Almond（2011）、Almond 等（2018）对早期人力资本积累过程的文献进行了系统梳理，得出结论：早期儿童的人力资本积累水平，对从学校教育到收入、健康和其他各种各样的成人结果具有长期持久的影响。学者使用了各种巧妙的识别策略来控制混杂因素，以分离早期人力资本的因果效应。例如，Currie 和 Hyson（1999）使用英国国家儿童发展调查来研究低出生体重对教育和就业的影响。Behrman 和

Rosenzweig（2004）使用双胞胎数据来控制遗传因素估计出生体重的影响。吴贾等（2021）借助《中华人民共和国母婴保健法》的实施识别发现，早期健康资源的增加显著提高了低收入家庭儿童的教育支出回报率，同时高收入家庭对儿童的教育投入也因跨期替代资源的提升而增加。许多研究使用了各种自然实验（如流行病）来识别早期生活冲击对后续结果的影响（Almond & Currie，2011）。例如，Almond（2006）发现，在子宫内暴露于病毒大流行的个体在生命周期内“受教育程度降低，身体残疾率增加，收入降低，社会经济地位降低，接受更高的转移支付”。聚焦于学前教育的研究结果显示，针对学前阶段的教育投资对于儿童的认知和非认知能力有显著的提升，从而进一步提高了收入和学业成绩（Heckman et al.，2013）。为社会经济地位较差的儿童提供税收资助的免费学前教育项目，有利于提升生命周期收入、促进代际收入和教育流动（García，2020；García，2021）。

2.1.2 家庭行为与子女教育

家庭决策是一个复杂过程，受到许多因素的影响，例如：家庭可支配收入、母亲劳动力供给、对人力资本积累过程的认知、父母对陪伴子女与闲暇时间的偏好等。同时，父母很可能会对孩子的发展演变、对可能影响孩子的冲击以及他们对投资如何补救（在负面冲击的情况下）的认知做出反应（Francesconi & Heckman，2016；Duncan et al.，2022；Lochner & Monge-Naranjo，2012）。因此本部分首先对最相关的两类模型研究进行梳理：一类是静态的家庭协商模型，一类是动态的嵌套人力资本积累过程的家庭决策模型。

家庭协商模型起源于学者的一致看法：家庭内部的收入分配和决策权关系重大。与其他模型标准框架的假设相反，大量实证文献发现，家庭资源的来源对于其最终使用有重要的影响，即家庭内部资源的分配受到资源来源（决策权）的影响（Thomas et al.，2002；Lundberg et al.，1997；Browning et al. 1994）。例如，Thomas（1990）有过这样的发现：男性和女性的非劳动收入对儿童健康和人口统计有非常不同的影响。Blundell 等（2005）通过将子女定义家庭中的公共品，区分家庭对子女的投资与其他消费，实现了对已有的家庭决策模型（Chiappori，1992）进行扩展，形成了家庭协商模型。许多国家的公共政策都将促进儿童人力资本积累，尤其是低收入家庭儿童人力资本积累作为干预目标之一。家庭协商模型表明，当且仅当家庭成员对子女投入的边际支付意愿高于其他成员消费时，公共转移支付才能实现增加家庭对子女教育投资和提升人力资本水平的政策目标，强调了家庭偏好的重要性。Cherchye 等（2012）进一步将家庭内部生产引入模型，将子女养育过程视为父母投入时间与资金来生产家庭内部公共品并从中获得效用的过程。在其模型下，成年人的福利水平不仅取决于自己的休闲和个人对市场商品的私人消费，还取决于家庭内部公共品，并且家庭内部公共品是由市场商品和个人时间结合生产的。吴贾等（2022）基于这一模型，从理论上分析了母亲收入提升如何影响家庭子女人力资本积累。

第二类模型为动态地嵌套人力资本积累过程的家庭决策模型，代表文献为 Del Boca 等（2014）。这类模型有两个主要特征，其一是将 Cunha 等（2010）等文献关注的人力资本动态积累函数嵌套到家庭的决策之中，同时估计家庭效用函数与人力资本积累函数中的参数，并进行反事实模拟；其二是模型的动态视角，消费者在进行最优化决策时，会将子女未来的效用与福利考虑在内。因上述两个方面的扩展，这一模型有利于更为准确地刻画家庭行为，更为客观和深入地理解人力资本积累与家庭相关决策。然而，这一模型有一个较强的假定，即父母完全了解子女的人力资本积累过程信息，并据此进行决策（Attanasio et al.，2020）。还有一类模型对于人力资本积累过程进行简化，与动态空间离散选择模型相结合。例如 Eckert 和 Kleineberg（2021）、李小帆（2022）、Sieg 等（2022）考察了公共教育财政投入对于人力资本积累的影响。此外，García 和 Heckman（2020）、García 等（2020）在生命周期模型中嵌套人力资本生产函数，考察早期干预的生命周期效应。

2.1.3 相关公共政策效果评估

在本部分，我们对政府施行的干预人力资本的政策效果评估文献进行梳理。许多发达国家和发展中国家均采取了一些干预措施以促进低收入家庭子女人力资本积累，以提升代际流动和社会流动性（Duncan et al.，2022）。最著名的案例之一是 20 世纪 60 年代中期在美国密歇根州伊普斯兰蒂开发的“Perry Preschool Project（PPP）”。123 名 3~4 岁的弱势儿童参与了项目，其中 58 人被随机分配参与一项高质量的学前课程。这项研究一直追踪样本到成年，许多文献对这一项目的作用进行了评估（Heckman et al.，2010；Heckman et al.，2013）。尽管干预最初提高了认知能力，但这种效果在几年后消失了。到8岁时，接受治疗的男孩在智商方面与对照组的男孩没有区别。对于女孩来说，该项目对智商的影响在统计上仍不为零。另一项著名的研究是20世纪70年代中期在美国北卡罗来纳州开展的“Abecedarian（ABC）”启蒙计划。在这项研究中，111名0~5岁的弱势儿童被随机分配到实验组（57名）和对照组（54名）。该计划力度较大，设置了以游戏为基础的成人儿童互动活动，以支持儿童的语言、运动、认知发展和社会情感能力，每年持续50周，每天9小时（Sparling & Lewis，1979；Ramey，1974）。干预已被证明具有各种长期影响（Campbell et al.，2014），表明ABC对多种健康结果有影响，包括样本在35岁左右时的肥胖患病率和血压。除了PPP和ABC，美国和其他发达国家还研究了许多其他干预措施。并且，一些成功的干预措施也已在发展中国家实施。例如，危地马拉的INCAP采取了随机对照试验评估营养干预措施。干预措施为，1969—1977年在治疗村提供高热量的营养补充剂。相反，对照组村庄的儿童被提供了类似的饮料，但没有额外的热量。有趣的是，Quisumbing等（2009）发现，只有那些足够早接触到干预的儿童在长大后的劳动力市场表现得更好。Behrman等（2009）发现，无论开始参与项目的年龄如何，该项目都具有代际影响：实验组的女性的孩子生长发育更快，在男性身上则没有发现这一影响。

还有一类受到青睐和关注的项目为有条件转移支付（CCT）项目。根据世界银行的定义，有条件转移支付项目是国际安全网计划（Social Safety Net Programs）中的主要减贫项目之一。这类项目的主要特征在于，以贫困家庭满足一定的行为条件为前提，针对这些家庭提供定期的现金补贴，相关的条件通常包含儿童入学、接受免疫、健康检查等（World Bank，2015）。相比较无条件转移支付，CCT项目强调家庭在教育、健康方面的投入。首批CCT项目出现在拉丁美洲，于20世纪90年代开始实行，然后从21世纪以来区域逐步扩展，辅导区域逐渐包括非洲和南亚等在内的发展中国家。截至2014年年底，全球实施CCT项目的国家有63个，覆盖人数最多、影响最大的CCT项目主要是巴西的家庭津贴计划（Bolsa Familia）、墨西哥的机会计划（Progresa，后更名为Oportunidades）。总体来说，CCT项目对减少贫困、促进家庭消费有正向促进作用。以巴西和墨西哥的这两个项目为例，CCT 项目的实行使得总体贫困水平下降了约 4%，家庭收入与贫困线之间的差距缩小了 21%（Asian Development Bank，2012），有利于打破贫困的代际传递（Fiszbein et al.，2009）。Angelucci 和 De-Giorgi（2009）发现 Progresa 不仅增加了实验组的消费，还对控制组家庭的消费产生了正外部性，主要在于实验组对控制组进行了转移支付。由于 CCT 项目大都包含对教育的干预，大量相关研究探讨了其对家庭教育选择的影响。许多研究发现，CCT 项目对于降低辍学概率、提升受教育年限具有显著作用（Barrera-Osorio et al.，2011；Engle et al.，2011；Glewwe & Kassouf，2012）。然而，与此同时，部分研究结果显示，CCT 项目尽管一定程度上增加了学生的上学时间，但遗憾的是并没有将上学时间的效果进一步转换为提高学生的认知能力或学习成绩（Fernald et al.，2009；Fiszbein et al.，2009）。

2.2 义务教育公共服务均等化与教育财政支出

党的十八大以来，我国通过多项改革措施，有效地推进了义务教育均衡发展。截至 2020 年年底，义务教育由“基本均衡”逐步过渡到“优质均衡”阶段（张楠 等，2020；张鹏举、王皓文，2021）。2021 年，我国共 94 个县正式通过义务教育基本均衡发展国家督导评估认定。至此，除港、澳、台地区以外的 2 895 个县都实现了县域义务教育基本均衡发展。然而，就学校的办学水平和教育质量而言，依然存在包括区域、城乡和学校维度的显著差异（刘天、程建坤，2018），教育经费、基础设施和师资水平等方面仍存在梯度落差（范先佐，2015）。在城乡间存在“师资难招难留”“城乡接合部塌陷”“农村教育资源总量不足和结构失衡”等现实困境，以及区域上教育经费“中部塌陷”特征（王远伟，2010；李鹏 等，2017；尚伟伟 等，2020；张辉蓉 等，2019）；名亡实存的“重点学校”政策造成县域内公办学校教育优质资源分化（吴愈晓、黄超，2016）。虽然我国实现免费的九年义务教育制度，保证了所有儿童都能够接受义务教育，然而，不可否认的是，我国当前依然存在优质教育资源相对匮乏，以及地区间优质教育资源配置不平衡的问题，这些因素加剧了与家庭资本伴随的教育的机会不平等（张楠 等，2020）。

在新型城镇化快速发展和公共服务均等化的双重作用下，劳动力大量流动及其子女的随迁给义务教育的资源配置带来了新的挑战。一方面，农村学校生源流失，造成农村学校日趋小规模化和空心化，学校对教育资源利用的“规模效应”逐渐降低；另一方面，随迁子女大量涌入城镇，加之城镇教育资源承载能力有限，导致城镇大班额、大校额现象突出（庞丽娟，2020；李春玲，2021）。整体上，形成农村教育资源“质弱量余”现象和城镇教育资源“质强量缺”并存的格局特征（苏红键，2021）。同时，户籍制度和义务教育阶段“就近入学”政策，造成了以户籍身份为区分的差异化公共教育资源供给，使得本地户籍人口与流动人口子女公共教育资源可得性存在显著不均等（陶然、周敏慧，2012；Chen & Feng，2013）。

基础教育资源不均等，在长期导致了人力资本分布的不平等，造成城市间、行业间人力资本误配和经济效率损失，不利于推进城镇化高质量发展。研究表明，区域间、城乡间的教育不均衡扩大了人力资本的空间差距（李海峥 等，2013；陈斌开 等，2010）；义务教育质量不均衡和“影子教育”共同作用，会导致后续教育阶段差距扩大，使得高等教育机会不平等上升（李春玲，2014；张楠 等，2020）；我国的公办学校系统内部依然存在着学校质量差异与分化，义务教育阶段实行的以户籍制度与住房产权为基础的“就近入学”政策，使得优质的教育资源与家庭资本存在显著的正相关，产生了“学区房”等现象，并进一步引致了居住隔离与学校阶层分割，并且通过“溢出效应”加剧城市内部人力资本不平等和降低了代际流动性（吴愈晓、黄超，2016；Heflin & Pattillo，2006；Fogli & Guerrieri，2019；Zheng & Graham，2020）。相较于城镇本地子女，随迁子女在教育机会上依然处于不利地位（段成荣，2014），随迁子女就学的民工子弟学校教育质量落后于公办学校，不利于随迁儿童的教育发展和人力资本积累（熊易寒，2010；冯帅章、陈媛媛，2012；Chen & Feng，2013，2017；Xiong，2015）。异地入学门槛和城市落户门槛显著提高流动人口子女，尤其是学龄阶段子女留守的概率（吴开亚 等，2010；陶然等 2011；魏东霞和谌新民，2018），而大量研究表明留守儿童在学习成绩下降，造成人力资本绝对损失（Zhao et al.，2010；Meyerhoefer & Chen，2011；Meng & Yamauchi，2015；Zhang et al.，2014）。同时，教育资源的不均衡也会影响代际流动性，众多实证研究都发现父辈的人力资本水平会提高子女的受教育状况（Currie & Moretti，2003；张苏、曾庆宝，2011）。

政府的公共教育支出在增加个体和家庭人力资本积累具有积极作用（李力行、周广肃，2015；徐俊武、易祥瑞，2014；杨娟 等，2015）。义务教育阶段的“营养改善计划”“国家级贫困地区义务教育工程”“两补一免”“乡村教师计划”等政策能提升教育薄弱地区和人群的人力资本水平（范子英、高跃光，2019；Bai et al.，2018；汪德华 等，2019）。教育资源均等化对人力资本代际流动有着重要的影响。低收入家庭受限于预算约束对子女的人力资本投资不足，导致代际内收入差距加大、代际间收入流动性降低，政府基础教育阶段的公共教育支出能够降低家庭背景对子女升学的影响，从而促进教育代际流动性（杨娟 等，2015；李力行 等，2015；刘楠楠、段义德，2017）。

2.3 儿童留守的影响与原因

目前，对影响流动人口子女随迁或留守因素进行直接探讨的研究较少，且大多为基于个案访谈或局部调研的定性分析（吴霓 等，2004；吕绍清，2006；冯帮，2007；徐晓新、张秀兰，2016）。许召元等（2008）是定量分析影响农村儿童留守因素的最早尝试。他们通过问卷调查发现，“打工地学费收费太高”和“没有时间照顾子女”是进城务工人员不愿带孩子到城市就学的最主要原因。宋锦、李实（2014）的实证结果表明户主配偶是否随迁、受教育水平等因素对于子女随迁概率存在显著影响。量化分析留守形成的制度成因的研究还十分有限。陶然等（2011）发现借读费或择校费的收取会增加流动人口子女留守概率。魏东霞和谌新民（2018）验证了城市落户门槛显著提高流动人口子女，尤其是学龄阶段子女留守的概率。柯宓和朱钢（2017）、杨娟和宁静馨（2019）对几个代表性城市进行了研究，分别发现2006年《义务教育法》的颁布带来的入学门槛的降低，以及北京2012年开始的“以教控人”的政策显著影响了农村流动人口学龄子女的留守概率。吴贾和张俊森（2020）探讨了异地入学限制对农村移民返乡和子女留守决策的影响，本书的结论与其对留守的探讨一致，但在识别策略和关注视角上不同。本书聚焦于异地入学政策的量化分析，在政策细则和异质性影响方面是对已有文献的重要补充。

作为上述研究的自然延伸，与本书相关的第二类研究探讨了父母外出务工对农村留守儿童成长的影响，基本形成了应当避免子女留守、促进家庭整体迁移的共识。这类实证文献证实了父母外出会导致留守儿童学习成绩下降（胡枫、李善同，2009；梁文艳，2010；陶然、周慧敏，2012；李云森，2013；李庆海 等，2014；Zhao et al.，2010；Meyerhoefer & Chen，2011；Meng & Yamauchi，2015；Zhang et al.，2014），并且对子女营养健康（李强、臧文斌，2010；田旭 等，2017）、心理和生活（吕绍清，2006；叶敬忠 等，2006）方面也产生了不利影响。

还有部分文献关注随迁儿童的教育环境，发现与公办学校相比，民工子弟学校不利于随迁儿童的教育发展（冯帅章、陈媛媛，2012；段成荣，2014；Chen & Feng，2013，2017）。本书所关注的异地入学政策的放宽，强调公共教育服务的均等化，让农村流动人口子女与城镇户籍儿童一样同等享有进入公办学校的权利，从而有助于随迁儿童教育质量的提高。

在异地入学政策方面，受限于地方入学政策存在较大的地区差异性，已有研究集中在对中央政策的梳理上（方媛、姚佳胜，2020；陶圣琴，2010；徐晓新、张秀兰，2016）。尽管中央政策经历了“空白-限制-支持”的发展阶段并取得一定积极成效，但当前异地入学政策仍不足以应对我国人口流动的挑战，加剧了儿童留守、劳动力返乡、随迁儿童只能进入进城务工人员子弟学校就读等问题（Chen & Feng，2013，2017；段成荣 等，2014；段成荣，2015；冯帅章、陈媛媛，2012；吴贾、张俊森，2020）。异地入学制度改革滞后，有着深刻的教育财政（葛新斌，2009；Liang & Chen，2007；刘俊贵、王鑫鑫，2013；Sieg et al.，2020）、学校管理（Huang，2020；刘泽云、郭睿，2020）、政策过程和决策体制（徐晓新、张秀兰，2016）等多方面原因。本书在地区异地入学政策的搜集量化，以及实证估计其对留守概率影响方面的工作，有利于从量化分析的视角认识我国各地区义务教育异地入学难度，评估其对留守儿童群体形成的影响，是对这一类文献的重要补充。

2.4 人口流动与空间资源配置

Hsieh 和 Klenow（2009）是研究资源错配的开创性文章。他们根据企业微观数据测算发现，中国和印度制造业存在生产要素错配的情况。如果将各行业要素配置效率提升到美国的水平，中国的全要素生产率能实现30%~50%的提升。之后涌现出一系列从不同渠道、不同维度考察各国资源配置效率的相关研究（Brandt et al.，2013；Buera et al.，2011；Hopenhayn，2014；聂辉华、贾瑞雪，2011）。除 Brandt 等（2013）以外，这些研究主要集中在行业层面。

近些年，劳动、资本等要素在空间上的流动受到了许多学者的关注，空间量化模型得到了较大发展。Redding（2016）基于 Eaton 和 Kortum（2002）引力模型的思路，提出了包含贸易成本和劳动者对区域存在异质性偏好的空间量化模型。基于这一模型框架，根据可观测的工资、人口、土地和贸易成本变量，可以求解出不可观测的全要素生产率和地方公共服务变量，并且可以识别交通设施等因素的变化所带来的影响在不同区域间存在异质性。基于同样的思路，Donaldson 和 Hornbeck（2016）从企业和消费者的角度构建了“市场潜能（market access）”这一指标。指标的变化，包含了某一特定地区的交通设施改善或人口变化，直接或间接带来的市场潜能的变化。Diamond（2016）将劳动者的异质性引入空间一般均衡模型，并内生化地区的生产率与公共服务，借鉴 Bayer 等（2003）的估计思路，从劳动者个体微观数据估计空间模型的参数，使得空间量化模型具备更完善的微观基础。

如何准确量化空间均衡下，政策所带来的效率损失，对于政策的制定有着十分重要的意义。Hsieh 和 Moretti（2019）发现，1964—2009 年美国各城市间对数工资的标准差增大了两倍。而造成空间错配提升的原因主要在于高生产率的城市对住房供给进行了严格限制，这种限制会阻碍劳动力进入这些城市。沿用这一思路，潘士远等（2018）研究认为 2001—2010 年，中国城市间劳动力资源配置效率得到了较大提高，但一线城市规模依然较小。除此之外，Colas 和 Hutchinson（2021）、Fajgelbaum 和 Gaubert（2020）探讨了美国区域税负差异、转移支付政策对劳动力要素空间配置效率的影响，前者还通过引入劳动者的异质性同时识别了收入分配效应，认为区域间差异化的税收政策引致了效率与公平的权衡。在有关中国问题的研究上，Tombe 和 Zhu（2019）将中国 2000—2005 年的增长进行了分解，并发现国内区域贸易和人口流动成本的降低解释了 27%的劳动生产率的增长。与之结论相一致，王丽莉和乔雪（2020）研究发现我国大城市的劳动力进入壁垒高，不利于劳动力资源配置效率。根据 Liang 等（2020）的反事实测算，迁移成本与住房供给限制的降低，会引致更多劳动力流入到生产率高的沿海区域，从而降低我国的劳动力误置水平。

2.5 文献评述

从本书的研究内容出发，我们对现有文献进行梳理，总结出以下三个方面的特征：

第一，已有研究对于城乡公共教育服务均等化的测度不足。一方面，受限于数据的可得性，已有研究大多从全国整体层面的城市和农村教育财政经费投入差异来度量城乡义务教育公共服务差距（陈斌开 等，2010；杨晓军、陈浩，2020）。要实现对我国城乡义务教育财政投入差距细致和深入地刻画，以及与家庭层面的微观数据相结合以更好地识别教育财政对于家庭行为的影响机制，需要实现从更微观的视角上刻画城乡公共教育服务均等化程度。另一方面，由于制度因素难以量化，尽管已有文献关注到本地-流动人口公共教育资源不均等的问题，但缺乏严谨的量化分析（吴贾、张俊森，2020；陶然 等，2011；徐晓新、张秀兰，2016）。

第二，已有研究定性结论丰富，定量分析不足。相关领域的既有文献大多借助政策等外生事件冲击，对母亲收入、公共教育投入、家庭结构等因素对儿童人力资本发展的影响进行了定性分析（吴贾 等，2021，2022；刘生龙、靳天宇，2020；宋弘 等，2022）。然而，当前关于人力资本影响因素的研究，缺乏统一的分析框架来系统量化比较各类因素在人力资本积累过程中的作用，导致当前对于我国儿童人力资本动态积累过程缺乏系统和完整的认识，不利于政策的优化与改革的推进。

第三，已有研究在模型与微观数据的结合上有待进一步提升。当前相关文献主要采用两类研究方式进行分析。一类是简约式估计，通过普通最小二乘法（魏东霞、谌新民，2018）、倾向匹配得分（李云森，2013）、双重差分与断点估计（吴贾 等，2021；吴贾 等，2022）等计量实证研究方法来识别因果关系，这类研究范式占据绝对比重。另一类是构建世代交叠模型与校准参数，从长期视角上探讨公共教育财政政策调整的影响（陈斌开 等，2010）。两类研究方式在微观基础、机制探讨和量化分析上各有优势。前者有利于从微观数据验证经济规律与探讨机制，后者在理论模型框架下的研究结论更为直观，具有重要的政策含义。

3 政策梳理

城乡义务教育公共资源的不均等化，一方面体现在公共教育财政在城乡之间的差异化配置，另一方面体现为大量的进城务工人员子女无法在流入地享受平等的公共教育服务，导致“用脚投票”机制失灵。本部分将从这两个方面出发，分别梳理城乡义务教育财政体制与流动人口子女异地入学政策。

3.1 义务教育财政体制

表 3-1 回顾了新中国成立以来我国的义务教育财政重要政策，可以划分为五个时间阶段，接下来本书分阶段加以阐述。

表 3-1　我国义务教育财政重要政策梳理

阶段	年份	官方文件	阐述
阶段一	1982	《中华人民共和国宪法》	提出“国家举办各种学校，普及初等义务教育，发展中等教育、职业教育和高等教育，并且发展学前教育”
	1986	《中华人民共和国义务教育法》	我国开始实施九年义务教育，地方政府负责、分级管理、以县为主
	1993	《中国教育改革和发展纲要》	逐步提高国民生产总值中，国家财政性教育经费支出的比重，在 20 世纪末达到 4% 的水平

表3-1(续)

阶段	年份	官方文件	阐述
阶段二	1994	《国务院关于实行分税制财政管理体制的决定》	划定各级政府支出责任，按税种划分中央和地方政府收入权限边界，开始建立中央对农村义务教育转移支付制度：一般性转移支付、专项转移支付
	1995	《关于进行"国家贫困地区义务教育工程"项目规划和可行性研究的通知》	为切实落实科教兴国战略，促进经济薄弱的山区、牧区、边境地区和民族地区特别是人口在10万以下的民族地区普及义务教育，"十五"期间，国家将实施第二期"国家贫困地区义务教育工程"（以下简称"工程"）
	2001	《国务院关于进一步做好农村税费改革试点工作的通知》	决定"取消农村教育费附加和教育集资"，加剧了农村义务教育经费短缺的矛盾
	2001	《国务院关于基础教育改革与发展的决定》	"实施在国务院领导下，由地方政府负责、分级管理、以县为主的体制"
	2004	《中华人民共和国民办教育促进法实施条例》	国家机构以外的社会组织或者个人可以利用非国家财政性经费举办各级各类民办学校
阶段三	2005	《国务院关于深化农村义务教育经费保障机制改革的通知》	按照"明确各级责任、中央地方共担、加大财政投入、提高保障水平、分步组织实施"的基本原则，逐步将农村义务教育全面纳入公共财政保障范围，建立中央和地方分项目、按比例分担的农村义务教育经费保障机制。
	2011	《国务院关于进一步加大财政教育投入的意见》	为了按期实现4%目标，各地区和部门要认真贯彻落实国务院各项政策措施，通过有效拓宽财政性教育经费来源渠道与调整优化财政支出结构的主要方式，切实提高教育支出占公共财政支出的比重

表3-1(续)

阶段	年份	官方文件	阐述
阶段四	2012	《财政部 教育部关于印发〈农村义务教育学生营养改善计划专项资金管理暂行办法〉的通知》	宣布成立国家试点地区，对于相关地区按照国家规定的标准核定营养膳食补助，中央财政负责相关的补助资金。在相关资金的管理与支付方面，由国库统一管理专项资金，分账核算，集中支付
	2012	《国务院关于深入推进义务教育均衡发展的意见》	提出具体的推动均衡发展的定量目标：到2015年，至少有65%的区县实现义务教育基本均衡发展；到2020年，这一比例需达到95%
	2012	《县域义务教育均衡发展督导评估暂行办法》	从制度和具体方法上确定了县域义务教育均衡发展督导评估，并开始开展义务教育发展基本均衡县的评估认定工作
	2013	《国务院办公厅转发教育部等部门关于实施教育扶贫工程意见的通知》	对《中国农村扶贫开发纲要（2011—2020年）》所确定的连片特困扶贫攻坚地区实施教育扶贫工程，充分发挥教育在扶贫开发中的重要作用
	2015	《国务院关于进一步完善城乡义务教育经费保障机制的通知》	整合农村义务教育经费保障机制和城市义务教育奖补政策，建立统一的中央和地方分项目、按比例分担的城乡义务教育经费保障机制
	2016	《国务院关于统筹推进县域内城乡义务教育一体化改革发展的若干意见》	加快推进县域内城乡义务教育在以下几个方面的统一：学校建设标准、教师编制标准、生均公用经费基准定额、基本装备配置标准。同时实现“两免一补”政策城乡全覆盖，到2020年，县域义务教育均衡发展和城乡基本公共教育服务均等化基本实现

表3-1(续)

阶段	年份	官方文件	阐述
阶段五	2021	《中华人民共和国民办教育促进法实施条例》	在原有的条例基础上，强调政府依法规范社会力量举办民办教育，在规范的基础上发挥民办学校在提高质量、办出特色，满足多样化教育需求方面的积极作用
	2021	《关于进一步减轻义务教育阶段学生作业负担和校外培训负担的意见》	从减轻学生在校内的作业负担与校外的培训负担两个方面对义务教育阶段学生实施减负，即“双减”政策

3.1.1 阶段一：1949—1993 年

阶段一为 1949—1993 年，教育经费总量不足，高等教育比重偏高，义务教育办学条件差。

1982 年，《中华人民共和国宪法》明确赋予中央政府在内的各级政府管理教育的责任，但没有明确规定各级政府的教育财政责任，与各地“分灶吃饭”的财政体制共同导致了这一阶段存在教育经费总量不足，义务教育办学条件尤其差两个主要问题。根据田志磊等（2015）基于《中国年鉴》和《中国财政统计年鉴》绘制的数据图，1980—1993 年，我国教育支出占财政支出的比重为 9%~14%，教育财政支出占国内生产总值（GDP）比重为 2.2%~2.7%，远低于发达国家 20 世纪 80 年代的水平。并且，王蓉（2004）指出，在教育财政经费总量不足的情况下，高等教育获得的经费比重偏高，导致中小学学校的办学条件进一步恶化。此后，这一阶段陆续出台两则重要文件或法律规定以明确义务教育面临的问题和发展方向。

1986 年，《义务教育法》规定我国开始实施九年义务教育，“地方政府负责、分级管理、以县为主”。这一法规的出台明确了推进我国义务教育发展的目标。并且，在宪法规定的基础上，一定程度推动了各级政府教育财政责任划分的明晰化。1993 年，《中国教育改革和发展纲要》则明确提出要大力增加财政对教育的支出，在 20 世纪末我国财政性教育经费占国民生产总值的比例需要达到 4%，以与发展中国家 20 世纪 80 年代的平均水平持平。遗憾的是，受各方面因素的影响，这一目标直到 2012 年才得以实现。

3.1.2 阶段二：1994—2004 年

阶段二为 1994—2004 年，“地方政府负责、分级管理、以县为主”的体制逐步建立，倡导拓宽教育经费来源，城乡义务教育经费差异大。

1994 年开始，我国实行了分税制改革，中央财政收入占比提升到 50% 左右，从根本上扭转了中央财政窘境，但同时由于规范的转移支付制度尚未建立，直接影响了管理事权在地方的相应学段教育的财政经费供给。具体到转移支付制度，这一阶段中央政府支持农村义务教育的财政手段有两种：一是财力性转移支付中的一般性转移支付，以包含学校、学生数等变量的公式为主平衡地方教育财政收支，以及调整工资转移支付、农村税费改革转移支付等直接补助地方政府在学校教师工资方面的支出；二是专项转移支付。其主要是 1995 年开始实施的国家贫困地区义务教育工程，这一工程是新中国成立以来最大的教育专项基金工程，第一期（1995—2000 年）投入 39 亿元，第二期（2001—2005 年）投入 50 亿元，以促进贫困地区、少数民族和边疆地区九年义务教育的普及与发展。为了提高农村义务教育的财力保障，全国从 1994 年开始规范城乡教育费附加的征收办法，使得农村教育费附加成为农村中小学办学经费中的第二大财政性教育经费来源。

然而，作为 2000 年开始的农村税费改革的一部分，2001 年取消农村教育附加费和教育集资，暴露了原有农村教育财政体制中的弊端，集中体现为：教育财政供给与需求总量极不匹配，学校要满足包括办公经费与教师酬劳经费在内的日常开销以维持基本的日常运作，需要借助大量的预算外资金。与此同时，《国务院关于基础教育改革与发展的决定》正式提出建立“由地方政府负责、分级管理、以县为主”的基础教育体制。在教育经费不足与建立“以县为主”体制的双重因素作用下，“撤点并校”政策开始如火如荼推进，中西部农村大量教学点被撤并，小学数量减少且向乡镇集中，并于 2012 年被叫停。丁冬和郑风田（2015）研究认为，地方政府借撤点并校之机挤占并压缩了教育财政所占比例，因此政府应适当实施教育集权。这一判断也与之后阶段的政策走向相一致。此外，由于地方教育财政经费严重不足，我国实施多元化筹资体制，于 2004 年颁布《中华人民共和国民办教育促进法实施条例》鼓励民办教育发展以弥补公办教育的不足。

3.1.3 阶段三：2005—2011 年

阶段三为 2005—2011 年，教育财政经费快速提升，农村义务教育经费保障机制建立。

2005 年推出的农村义务教育经费保障机制改革（以下简称“农村义保新机制”）是义务教育经费领域的里程碑事件。“农村义保新机制”首次提出农村义务教育财政按照“分项目、按比例”的方式由中央和地方政府共担，具体包含以下内容：

第一，“两免一补”方面：全部免除农村义务教育阶段学生学杂费，对贫困家庭学生免费提供教科书并补助寄宿生生活费。相关资金由中央承担或中央与地方按比例共同承担，比例与责任的划分在区域上具有东中西部差异。

第二，生均公用经费拨款方面：先落实确定生均公用经费拨款标准，中央和地方按照上述“两免一补”的比例共同承担。然后由中央适时制定全国农村义务教育阶段中小学公用经费基准定额并适时进行调整，所需资金仍按“两免一补”的办法由中央和地方共同承担。

第三，西部农村地区从 2006 年开始执行以上两点，中部和东部地区 2007 年开始执行。另外，改革还提出健全农村义务教育阶段学校预算编制制度。

这一举措大大强化了中央财政在基础教育中的责任。项目开始实施的 2006 年，中央支出新机制经费达到 150 亿元，教育财政经费支出占 GDP 比例持续快速增长。2011 年，我国进一步发布《国务院关于进一步加大财政教育投入的意见》，以期在 2012 年如期实现教育财政经费占 GDP 总量 4%的目标。

3.1.4 阶段四：2012—2020 年

阶段四为 2012—2020 年，我国于 2012 年实现了 GDP 总量中教育财政占比达到 4%的目标，公共义务教育制度的建设重心开始从量的增长转变为均衡布局。在专项转移支付方面，主要有两项重要政策：一是对农村义务教育学生实行营养膳食补助，所需资金均由中央财政承担；二是实施教育扶贫工程，以期实现全面脱贫。

在推动义务教育均衡发展层面，于 2013 年开始实行县域义务教育均衡发展督导评估，逐步评定所有区县，旨在到2020年实现县域义务教育均衡发展和城乡基本公共教育服务均等化。从实际进展来看，2021年共94个县正式通过义务教育基本均衡发展国家督导评估认定。至此，除港、澳、台地区以外的2 895个县都实现了县域义务教育基本均衡发展。

3.1.5 阶段五：2021年至今

阶段五为2021年至今，以推动教育公平、减轻家庭教育负担为发展主旋律。其中，最主要的政策分别围绕民办学校与校外辅导培训两方面展开。

2021年修订的《中华人民共和国民办教育促进法实施条例》在2004年条例的基础上，明确“各级人民政府应当依法支持和规范社会力量举办民办教育”，突出对民办教育的管理与规范。随后各省市相继出台条例，要求截至2022年，各地民办义务教育学校在校生规模占比将控制在5%以内。同期实行的《关于进一步减轻义务教育阶段学生作业负担和校外培训负担的意见》带来的“双减”政策，对K12校外培训机构进行严格规范，在避免家庭教育“内卷”的同时，提升了公共教育的重要性，推动教育公平。

此外，在这一时期，我国还推动了“公民同招”“多校划片”等制度来缓解学区房的教育溢价。总体而言，2021年以来我国实行了较为密集的大力度改革，致力于促进教育公平。

3.2 流动人口子女异地入学政策

在本书的这个部分，我们先对我国义务教育阶段异地入学的中央政策进行系统梳理（见表3-2），再简要阐述地方政策（见表3-3）。

3.2.1 中央政策

表 3-2 我国流动人口子女异地入学宏观方针政策

年份	官方文件	相关规定	评述
1986	《中华人民共和国义务教育法》	法律规定实施九年制义务教育，地方各级人民政府承担合理设置和开办小学、初级中等学校，使儿童、少年就近入学的责任和义务	没有提及任何关于适龄儿童、青年在非户籍地入学的相关办法
1992	《中华人民共和国义务教育法实施细则》	第十四条内容指出，适龄儿童、少年在获取户籍所在地的县级教育主管部门或者乡级人民政府批准后，可以按照居住地人民政府的有关规定申请在非户籍所在地接受义务教育	我国第一次在法律法规中提及关于适龄儿童、少年在非户籍地申请借读的内容
1996	《城镇流动人口中适龄儿童、少年就学办法（试行）》	第九条内容指出，城镇流动人口中适龄儿童、少年可按照以下流程在流入地入学：父母或监护人持流入地的暂住证向流入地住所附近的中小学提出申请，在获得学校同意后可入学，若申请被拒，可向流入地有关部门提出申请，由相关部门协调解决就学问题	中央首个针对流动儿童的教育政策，明确了流动儿童的定义以及在非户籍地借读的标准。相较于 1992 年的《中华人民共和国义务教育法实施细则》，其规定更为详细，但仍然给予学校较大的实际操作弹性
2001 /2003	《国务院关于基础教育改革与发展的决定》；《关于进一步做好进城务工就业农民子女义务教育工作意见的通知》	“两为主”政策：要重视解决流动人口子女接受义务教育问题，以流入地区政府管理为主，以全日制公办中小学为主，采取多种形式，依法保障流动儿童少年接受义务教育的权利	提出“两为主”政策，明确流入地的地区政府的管理义务。关于流动人口子女在流入地接受义务教育的问题不断得到重视，国家也相继出台了相关法律法规，但缺少明确的入学条件与收费标准，流入地的学校和政府在制定相关办法时有较大的空间

表3-2(续)

年份	官方文件	相关规定	评述
2006	《中华人民共和国义务教育法》	第十二条内容提出，当地人民政府应当为以下儿童提供平等接受义务教育的条件：父母或者其他法定监护人在非户籍所在地工作或者居住，适龄儿童、少年需在上述地区接受义务教育	以法律形式进一步明确“流入地人民政府应当为义务教育阶段儿童、青年提供平等义务教育的职责”
2008	《国务院关于做好免除城市义务教育阶段学生学杂费工作的通知》	对流动儿童少年免除学杂费，不收借读费，且对解决流动儿童少年就学问题较好的省份中央财政给予适当奖励	2006 年开始全国农村（含镇）义务教育阶段学生免收学杂费。此通知在免除学杂费的同时，明确免除借读费，但未对流动儿童、少年的入学条件与流程进行明确规定
2014	《国家新型城镇化规划（2014—2020 年）》	“两纳入”政策：将农业转移人口随迁子女义务教育纳入各级政府教育发展规划和财政保障范畴	提出“两纳入”政策，表明异地入学政策的讨论转向财政可行性角度的方向
2015	《国务院关于进一步完善城乡义务教育经费保障机制的通知》	“两统一”：统一城乡义务教育；“两免一补”政策，统一城乡义务教育学校生均公用经费基准定额。 “钱随人走”：“两免一补”和生均公用经费基准定额资金随学生流动可携带； 取消 2008 年提出的中央奖补政策	以明确的政策措施、减轻人口流入省份的义务教育财政负担，从财政角度保障流动儿童、青年入学异地接受义务教育的权利
2017/2018	《国务院关于印发国家教育事业发展“十三五”规划的通知》； 《国务院关于推动城乡义务教育一体化发展提高农村义务教育水平工作情况的报告》	要适应户籍制度改革要求，推动建立以居住证为主要依据的随迁子女入学办法，简化优化入学办理流程和证件要求；居住证持有人在居住地依法享有平等接受义务教育的权利	改革更加具体化、明晰化，对于入学流程和条件提出更为明确的规定，降低流入地政府与学校的操作弹性，以试图避免流入地政府与学校在实际操作中为流动儿童设置障碍

义务教育阶段我国流动人口子女在流入地入学的宏观方针政策，总体呈现从无到有、从严格到逐渐宽松、从导向型到具体化的发展特征，具体

而言可以分为四个发展阶段：1992 年前、1992—2000 年、2001—2013 年、2014 年至今。

1992 年前，义务教育阶段学龄子女基本没有异地入学的可能。我国最早关于义务教育的法律是 1986 年 7 月 1 日开始施行的《义务教育法》。最早的《义务教育法》规定了“国家实施九年制义务教育，地方各级人民政府应当合理设置小学、初级中等学校，使儿童、少年就近入学”，但这部法律中并没有提到任何在非户籍地入学的相关办法。也就是说，在 20 世纪 90 年代初，学龄子女基本不可能在非户籍地接受义务教育，农村父母外出务工就意味着其子女会成为留守儿童。在之后的 20 年中，《义务教育法》并没有被修订，直到 2006 年，才增加了关于学龄儿童、少年在非户籍地接受义务教育的条文。

1992—2000 年，中央开始出台关于流动人口子女异地入学的相关政策文件，主要包括：1992 年教育部发布的《中华人民共和国义务教育法实施细则》以及 1996 年中央出台的《城镇流动人口中适龄儿童、少年就学办法（试行）》（徐晓新、张秀兰，2016）。这两项政策文件明确了学龄子女在非户籍地借读的权利，提出了借读标准，但主要是提供政策导向作用，给予地方政府及学校较大的操作弹性。对于流动人口子女来说，想要在流入地接受义务教育依然十分困难。

20 世纪末，随着我国流动人口规模的不断扩大，流动人口子女就学问题也愈发受到重视。2001—2013 年，“两为主”政策的提出，以及取消流动人口子女学杂费和借读费等政策的实行，使得部分省市所制定的义务教育入学规定逐渐明晰化、具体化。2001 年，中央政府提出“两为主”政策，由以往的允许异地入学但由政府、学校协商决定，转变为明确规定由流入地政府管理为主、以全日制公办中小学为主，来解决流动人口子女接受义务教育的问题。2006 年，《义务教育法》进行了第一次修改，以法律的形式规定：流入地人民政府，应当为流动人口学龄子女提供平等接受义务教育的条件（革新斌，2009）。2008 年，国务院发布通知，指出对流动儿童、少年免除学杂费，不收借读费，且对于解决流动人口子女就学问题较好的省份，中央财政给予适当奖励。

2014 年以来，我国一方面开始进行户籍制度的大力改革，有序放松户籍限制；另一方面大力解决异地入学所面临的财政问题，并明确规范流动人口子女异地入学流程和规则。2014 年，《国家新型城镇化规划（2014—

2020 年）》提出了“两纳入”政策，将农村流动人口随迁子女义务教育纳入各级政府教育发展规划和财政保障范畴。随即在 2015 年具体提出“两统一”的要求和“钱随人走”政策，保证流动人口子女不会因为教育经费不足而回流，并在一定程度上减轻了人口流入省份的财政负担。并且，中央政府于 2017 年和 2018 年发布通知与报告，提出推动建立以居住证为主要依据的随迁子女入学办法，简化优化入学办理流程和证件要求。

3.2.2 地方政策

尽管中央政策近年来不断具体化和明晰化，但总体上依然发挥的是导向作用，地方政府在实际执行中仍然有较大的操作弹性，导致政策设计与政策执行之间存在较大的失衡（吕绍清，2006；吴愈晓、黄超，2016；徐晓新、张秀兰，2016）①。从这个角度来看，梳理地方异地入学政策、量化地方异地入学的实际门槛，本身就具有重要的现实意义。本书通过“北大法宝”“法律之星”、各级政府官方门户网站、各市“本地宝”网站等，搜集了 2013—2015 年我国各市（县）关于流动人口子女义务教育阶段入学的政策文件总计 951 份。这些文件涵盖全国 297 个区县、134 个城市、28 个省（区、市），东、中、西部政策文件分别占 68%、19%和 13%。从地区分布上来看，东部作为主要的人口流入地，留守儿童相关的现行入学政策也最多，一定程度上说明所搜集政策的全面性和代表性。从年份上来看，2013 年、2014 年、2015 年政策占比分别为 28%、33%和 39%。占比随时间增长，一方面符合网络时代信息传递方式的转变，另一方面在于部分政府门户网站会对超过时效的信息进行清理。

现行流动人口子女义务教育阶段异地入学政策主要由两个部分构成（见表 3-3）：一是入学所需满足的基本条件，包括需提交居住、住房、工作、社保以及计划生育证明（一些地区要求的“五证”）等；二是入学程序，各地的设置主要包括“按条件入学”与“积分制入学”两类。

---

① 例如，北京市在 2004 年 9 月取消借读费后，部分学校以其他名义继续对流动儿童收取高额费用。

表 3-3 各市（县）流动人口子女义务教育阶段入学政策构成

	类别	相应材料或要求	代表城市及相关规定
基本条件	居住要求	居住证明、暂住证明、租房或购房证明、居住时长满足一定要求	杭州市（2015 年）：父母双方在本区具有（临时）居住证和房产证（房屋租赁证明），居住证办理时间需早于 2014 年 8 月 31 日且在之后无中断
	务工及社保要求	父母务工证明、务工时长满足一定要求、社保缴纳时长满足一定要求	杭州市（2015 年）：父母双方或一方在 2014 年 8 月 31 日前，已经与在杭用人单位签订劳动合同，或者已经在工商部门办理在杭营业执照，并且之后一直无中断；已在杭缴纳社会保险且在之后一直按规定缴纳，无中断
	计划生育要求	符合国家计划生育的证明	杭州市（2015 年）："独生子女父母光荣证"或户籍地政府（街道办事处）签发的合法生育证明
	户籍地相关规定	在户籍地无监护条件证明、户籍地允许外出就读证明	杭州市（2015 年）：凡是在户籍地有监护条件的进城务工人员子女，应当在户籍地接受义务教育
入学程序	按条件入学	符合基本条件的情况下，入读学区公办学校；部分地区根据额外条件设定优先派位入学的顺序	杭州市（2015 年）：杭州外来人员子女入学报名时须提供材料，即基本条件要求的证明
	积分制入学	满足基本条件的前提下，按照积分排序入学；部分城市先为满足基本条件者优先派位入学，剩余学位派发给积分达到一定条件的儿童	深圳市福田区（2015 年）：学校与教育部门按照积分从高到低依次派发学位，直到各学校的招生计划录满

注：各城市均需提供户口本、身份证以证明子女身份与年龄，没有城市差异，故在表中不单独列出。

从基本条件来看，要求主要涉及居住、务工与社保、计划生育、户籍地相关规定四类，这些要求在实际执行中体现为流动人口需提交相应的证明。部分城市对居住、务工和社保时长提出了要求，所提交的该类证明则需满足相应的时间条件。以 2015 年杭州市的政策为例，农村流动人口子女要在杭州就读公办小学或中学，需要提交的证明包括：证明在杭州持续居住至少 12 个月的暂住证（居住证）、房屋租赁证明（房产证）、证明在杭州持续工作（经商）至少 12 个月的劳动合同（营业执照）、在杭州持续缴纳至少 12 个月的社会保险凭证、“独生子女父母光荣证”或户籍地签发的合法生育证明，以及户籍地签发的证明该子女在户籍地无监护条件的证明。此外，满足各市基本条件的流动人口子女是否能在流入地公办学校入学，还取决于该市的入学程序。在实行“按条件入学”的城市，满足基本条件即可入学，区别在于部分城市为满足某些额外条件的流动人口子女提供优先派位入学的资格。在（部分）实行“积分制入学”的城市，流动人口子女需要满足一定的积分（排序）要求，才可派位入学。除此之外，“积分制入学”的一个重要特征在于，将父母的受教育程度等因素引入积分规则，积分按照由高到低进行排序派发学位。在大部分没有实行积分制的大城市，对于满足入学条件的家庭，学位派发顺序往往以是否拥有学区内的住房产权，以及住房产权的所有者是否为直系亲属为依据。

3.3 本章小结

义务教育财政体制和流动人口子女异地入学政策深刻影响义务教育公共服务均等化程度。全面梳理总结义务教育体制政策演变对于理解人力资本积累与家庭福利的城乡差异具有基础性意义。

本书将新中国成立至今的义务教育财政政策发展沿革划分为五大阶段。第一阶段为 1949—1993 年，包括中央政府在内的各级政府的义务教育管理责任逐渐清晰，但“分灶吃饭”的财政体制和尚未明确的各级政府义务教育财政责任共同引致教育经费总量不足、义务教育办学条件差等两个主要问题。第二阶段为 1994 年分税制改革后的 10 年，“地方政府负责、分级管理、以县为主”的基础教育体制初步构建，中央政府通过转移支付支持农村义务教育，但已成为农村中小学办学经费“第二财政”的农村教育费附加随着农村税费改革而取消，财政教育经费供需矛盾逐渐加深。为缩小经费缺口，国家鼓励发展民办教育以弥补公办教育供给不足。第三阶段为2005—2011年，“农村义保新机制”按照“分项目、按比例”的方式由中央和地方政府共担农村义务教育支出，中央政府基础教育支出责任大大强化，教育财政经费支出占GDP比例持续快速增长。在第四阶段，2012年实现了教育财政支出占GDP总量4%的发展目标，中央财政支持力度不断加大，以县域义务教育均衡发展督导评估为抓手推动城乡基本公共教育服务均等化。第五阶段自2021年起，中国义务教育着力点开始由量的增长转向均衡发展。国家从民办学校与校外辅导培训两大领域切入，控制民办义务教育学校在校生规模，严格规范K12校外培训机构，对“内卷”进行综合整治，有力促进了教育公平。

流动人口子女异地入学问题随着我国流动人口规模不断增大而愈发突出。中央政府坚持问题导向，推动非户籍地入学制度从无到有，由浅入深。20世纪90年代，国家开始引入学龄子女非户籍地借读制度，但该制度给予流入地学校较大的实际操作弹性，异地随迁子女想要在流入地接受义务教育依然十分困难。21世纪初，“两为主”政策的落实和《义务教育法》的修订将异地随迁子女入学的统筹责任由流入地学校上交至流入地人民政府，明确流入地人民政府应当为流动人口学龄子女提供平等接受义务教育的条件。自2014年起，异地入学财政经费保障制度安排不断具体，“两纳入”“两统一”等制度保证了流动人口子女不会因为教育经费不足而回流。流入地政府在实际执行中，通常要求父母满足居住、住房、工作、社保以及计划生育证明等前置条件，后根据额外条件、积分等优先派位随迁子女入学。

4 公共教育服务均等化状况

4.1 义务教育财政资源的空间分布

在本部分，我们首先以生均教育经费支出来查看城乡义务教育质量的差距，以对我国城乡教育差距有一个直观的判断。其次，在义务教育阶段，公共财政投入占学校经费来源的绝对比重，义务教育财政资源投入的城乡不均等，会直接引致城乡义务教育学校质量有差异。因此，我们首先基于数据对上述事实进行验证，然后查看城乡义务教育财政资源投入的不均等。

生均教育经费支出是学校对学生教育的支出，包含个人和公用经费支出、基本建设支出两个部分，具体包含用于教学业务与管理、教师培训、实验实习、文体活动、水电、取暖、交通差旅、邮电、仪器设备及图书资料等购置，房屋、建筑物及仪器设备的日常维修维护等方面的实际支出。因此，城市和农村的生均教育经费支出水平可以较好地反映城乡学生获取的教育资源数量。

图 4-1 和图 4-2 分别绘制了全国和农村的小学、普通初中生均教育经费支出，相关数据均来源于各年份的《中国教育经费统计年鉴》。其中，实线代表包含城市和农村在内的全国生均水平，虚线代表的是农村学校的生均水平。从图中可以发现：①从整体时间趋势来看，除了 2020 年，我国义务教育阶段生均教育经费支出不断增加，且自 2010 年以来的增速有所提升。2020 年，全国小学（普通初中）生均教育经费支出为 12 739（18 520）元，农村地区小学（普通初中）生均教育经费支出为 11 827（16 240）元。②无论是小学还是普通初中，农村地区的生均教育经费水平均落后于全国水平，即我国的城市学校生均教育经费支出是高于农村的。③从差距的绝对值来看，2013—2020 年义务教育阶段城乡生均教育经

费支出的差距持续扩大。这可能是因为2012年我国实现了财政性教育经费占GDP总量4%的目标之后，地方教育财政支出有所调整。

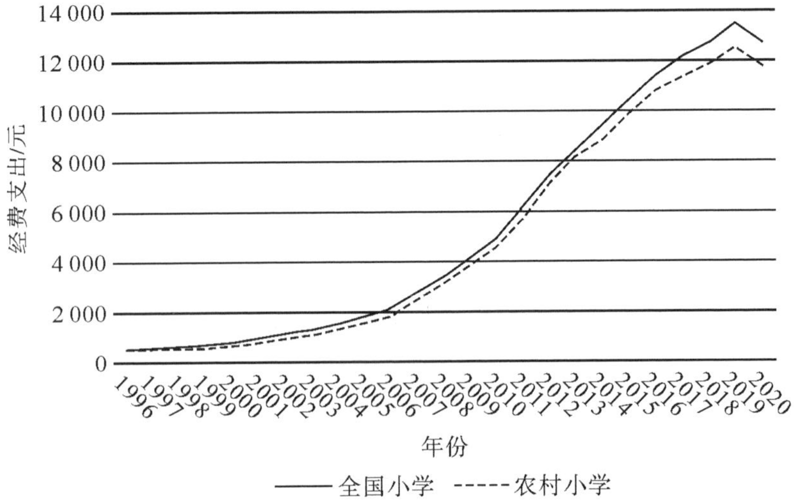

图4-1　1996—2020年小学生均教育经费支出

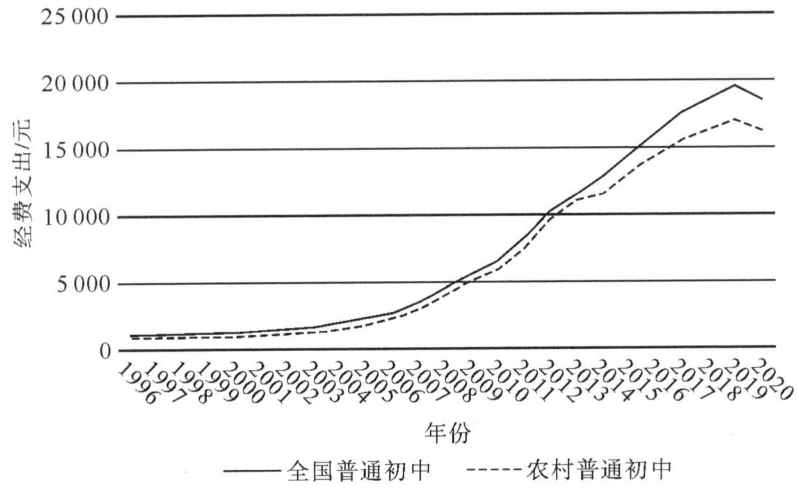

图4-2　1996—2020年普通初中生均教育经费支出

从严格意义上讲，生均教育经费的来源，既包含公共的财政性教育经费，也包含非公共的民办学校举办者投入、学费在内的事业收入等。因此，图4-3是我国教育经费总投入与财政性教育经费投入的情况。据财政性教育投入占总教育投入的比重，我国的教育资金主要依赖于财政投入，这一比例总是超过50%。从时间趋势上来看，经历了从1991年的84%逐年降低到2005年的61.3%，然后逐步上升至2012年的81%，之后持续稳定在80%左右。从图4-3中两条折线的形状来看，由于财政性投入占总投入的绝对比重，二者的时间趋势一致，均呈现持续增加的特征，且增速在2012年最快，完成了教育财政经费占国内生产总值4%的目标。

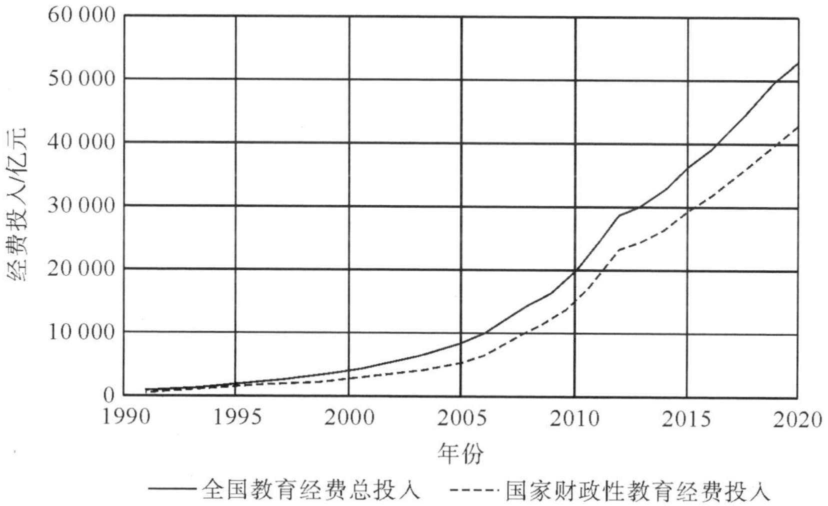

图4-3　1990—2020年全国教育经费总投入与财政性教育经费投入

（注：数据来源于各年份《中国教育经费统计年鉴》）

此外，本书基于可得的2013年区县教育经费数据，进一步查看我国各线城市的城市地区与农村地区教育经费的差异。图4-4展示了各线城市的城市与农村地区小学、初中和高中阶段的生均教育经费支出，指标口径与图4-1、图4-2相一致，衡量的是学校的支出，但来源涵盖财政经费、举办者投入、学校事业收入等。其中，一线城市包含北上广深四个城市，这些城市的城市与农村地区生均经费支出总体没有明显的差异。就二线城市来看，小学阶段的生均支出大于初中，高中阶段最低。在城乡差异上，城市地区各个阶段的生均经费支出均高于农村地区，其中初中阶段的绝对值差距最大，达到5 000元左右。其他城市的高中生均经费略低于初中，初中阶段的城乡生均经费差异同样较大，约为3 500元。

本书重点关注的是城乡义务教育公共服务的差异，因此我们进一步查看了城乡财政经费的差距情况。第1章图1-2反映了各线城市的城市与农村地区小学、初中和高中阶段的生均教育财政经费支出，指标口径与

图4-3中“国家财政性教育经费投入”相一致，衡量的是公共教育资源。对比图1-2与图4-4各线城市城乡生均教育经费支出可以发现，小学和初中阶段的财政性教育经费占总经费的比例比高中阶段更高，这符合我国义务教育阶段的特征。对比城市和农村地区，二线城市与其他城市均是城市地区生均教育财政经费支出高于农村地区，且初中阶段的差异比小学更大。

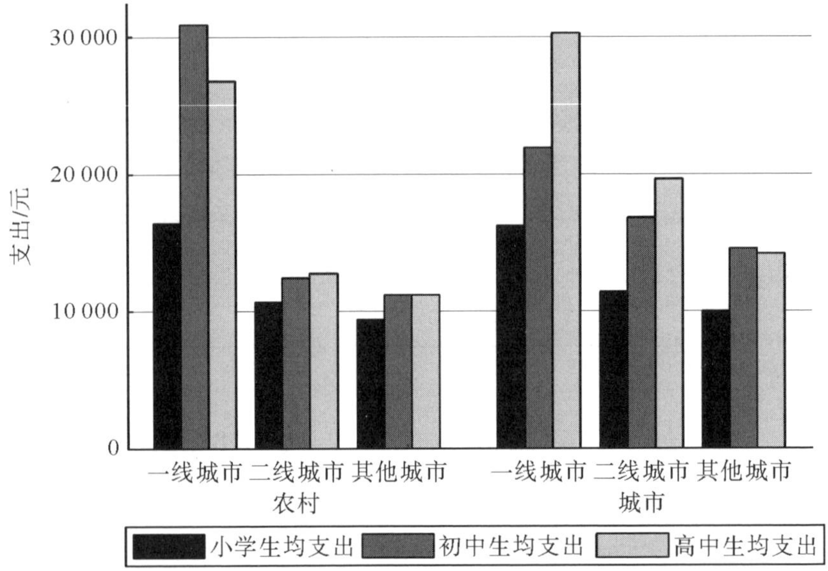

图4-4　2013年各线城市城乡生均教育经费支出

（注：根据2013年区县层面的学校教育经费数据绘制）

需要说明的是，图1-2与图4-4根据城市级别分别绘制了城市和农村的教育经费差距。除各级别城市内部的城乡教育资源差异影响城乡儿童的人力资本积累之外，不同级别城市间的城乡教育资源差异也存在重要影响。具体来说，我国有大量流动人口是由农村向大城市迁移务工的劳动者，因此从其他城市向一、二线城市流动时，流入地的城市地区教育资源与流出地的农村地区教育资源的差异会进一步被放大。这也是为何异地入学政策是我国义务教育公共服务均等化的重要方面，不能单纯地调整公共教育财政资源的空间分布而不改革户籍与异地入学门槛制度。

教育财政经费支出的差异，会直接体现为城乡学校办学条件和质量的差异，进而影响城乡儿童人力资本积累。图4-5展示了2007—2019年城市和农村学校在校均仪器设备价值、校均图书册数、校均工资性支出和校均职工数量方面的差异。总体而言，城市学校拥有更高的仪器设备价值，更多的图书与职工，工资性支出也更高。

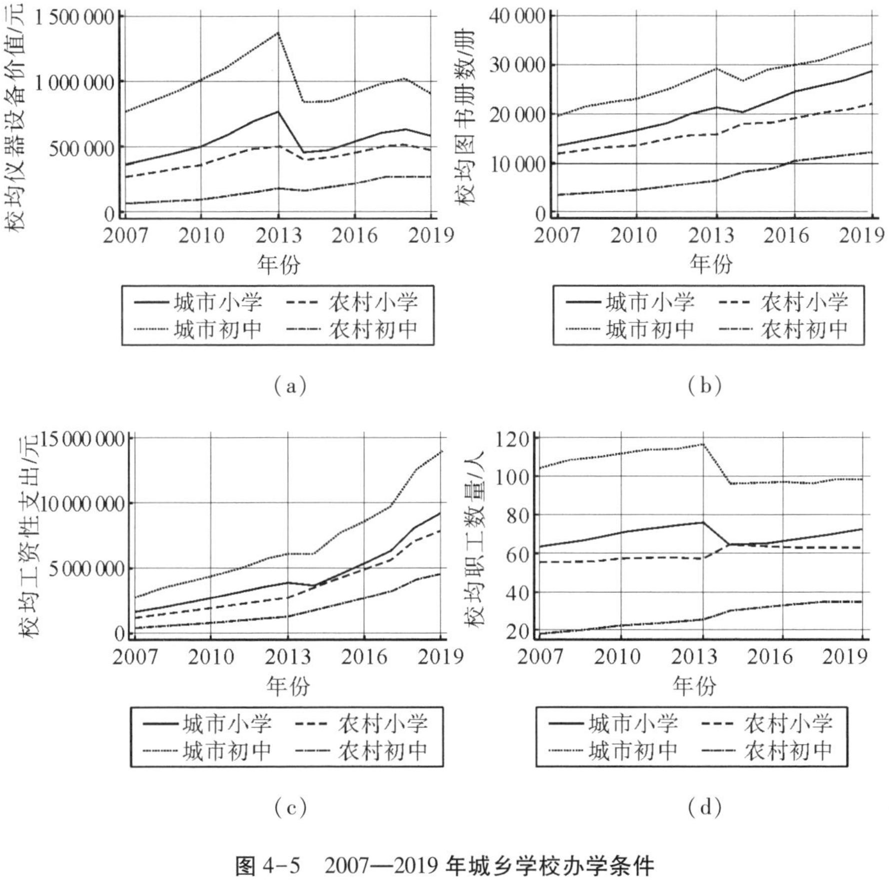

图 4-5　2007—2019 年城乡学校办学条件

（注：根据 2007—2019 年教育财政数据绘制，数据来源于北京师范大学中国教育经济信息研究中心）

4.2　流动人口子女义务教育异地入学门槛指数

本书通过“北大法宝”“法律之星”，以及各级政府官方门户网站、各市“本地宝”等网站，搜集了 2013—2016 年我国各市（县）关于流动人口子女义务教育阶段入学的政策文件总计 984 份，提取了关于入学政策要求的 12 个指标。表 4-1 显示了所提取指标的统计特征。

表 4-1　流动人口子女义务教育阶段入学政策条款

变量	样本量	均值	标准差	最大值	最小值
地区暂住证	984	0.49	0.499	1	0
地区居住证	984	0.39	0.487	1	0
计划生育要求	984	0.35	0.478	1	0
租、购房证明	984	0.64	0.480	1	0
务工证明	984	0.94	0.231	1	0
儿童居住证明	984	0.07	0.259	1	0
儿童出生证明	984	0.08	0.277	1	0
户籍地无监护证明	984	0.11	0.313	1	0
户籍地允许外出就读证明	984	0.14	0.347	1	0
务工时长/月	984	9.09	12.004	60	0
社保缴纳时长/月	984	5.86	11.546	60	0
居住时长/月	984	10.45	12.090	60	1

注：最后三个指标为衡量月份数量的连续指标，其余指标为衡量是否需要相关证件要求的虚拟变量，取值为 0 或 1。本表展示了 2013—2016 年所覆盖的城市对于流动人口子女在流入地入学要求的均值。各城市均需提供户口本、身份证以证明子女身份与年龄，没有城市差异，故在表中不单独列出。

相较于熵值法、层次分析法等降维方式，主成分分析法（PCA）在权重确定的客观性、指标之间相关性的刻画上具有显著优势，在文献中被大量使用（钞小静、任保平，2011；Diamond，2016；易志高、茅宁，2009；张爱民等，2001）。在传统的线性主成分分析基础上，Lgraf 和 Lee（2015）将其扩展为 Convex Logistic PCA，这一扩展主要是根据数据的 0~1 分布特征，将矩阵分解的目标函数设为伯努利对数似然函数。并且他们证实了，在面临 0~1 指标时，Convex Logistic PCA 可以克服传统线性 PCA 造成的信息提取偏误。

因此，本书分两步对政策各项细则要求数据进行降维。第一步，将表 4-1中的 9 个虚拟变量，采用 Convex Logistic PCA 提取数据信息，获得两个连续的主成分，共能解释原始指标信息的 87%。第二步，将第一步中提取的两个主成分和表 4-1 中的三个连续时长指标一起进行传统线性主成分分析，提取特征根大于 1 或接近 1 的主成分并按照特征根大小进行加权，得到义务教育异地入学门槛指数（school enrollment restriction index，SERI）。

接下来我们交代指标构造过程。

4.2.1 Convex Logistic PCA

因为 Landgraf 提供了在 R 进行 Convex Logistic PCA 的程序，所以我们通过 R 软件，根据表 4-1 中 9 个证件要求，提取出两个主成分：证件要求主成分 1，证件要求主成分 2，总共能解释原始信息的 87%。为了更直观理解两个证件要求主成分，我们根据原始政策文件中是否要求某种证明进行分组，然后查看每一组的两个证件要求主成分的平均值。

图 4-6 和图 4-7 分别展示了两个主成分在两类城市的均值情况。我们可以看到，对于主成分 1，主要反映了父母居住证、儿童居住证和户籍地无监护证明的要求信息。对于主成分 2，除暂住证和儿童居住证以外，对各项证明作要求的城市的主成分均值明显更高，体现出主成分 2 对实际证件要求的反映情况良好。

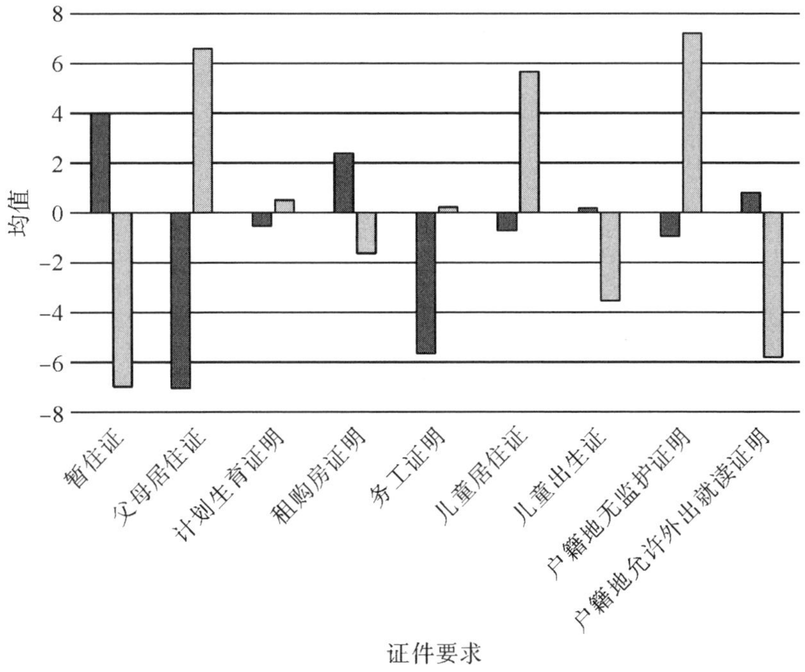

图 4-6 证件要求主成分 1 的分布情况

（注：数据来源于 2013—2016 年义务教育异地入学政策）

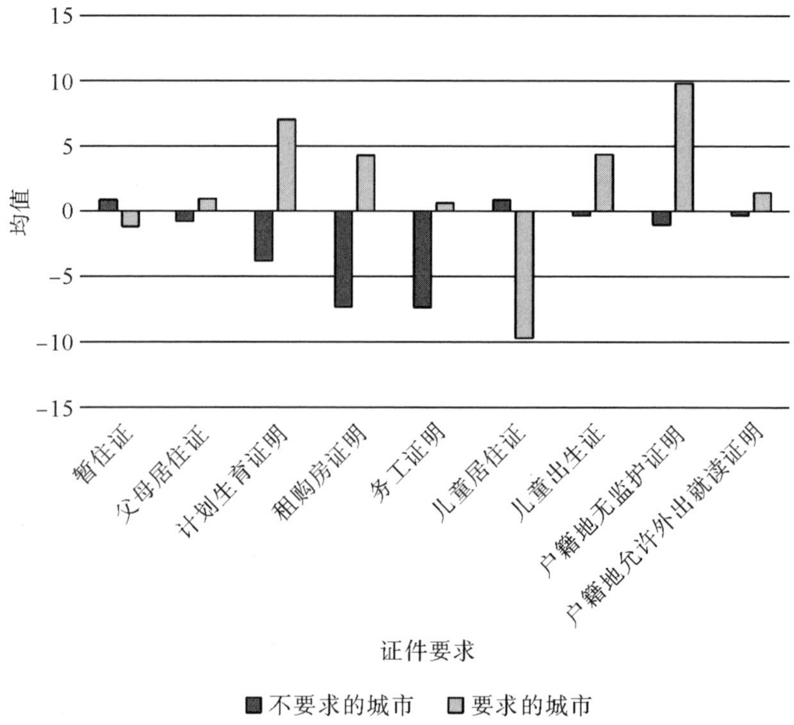

图 4-7　证件要求主成分 2 的分布情况

（注：数据来源于 2013—2016 年义务教育异地入学政策）

4.2.2　线性 PCA

将第一步提取的两个证明要求主成分，结合表 4-1 剩余的三个时长连续性指标，我们对 5 个指标进行传统的线性主成分分析。表 4-2 是分解后 5 个成分的特征根与方差贡献率。可以看到，前三个成分特征根大于或接近于 1，累计方差贡献率为 93%，包含了绝大部分信息。因为前三个主成分对方差贡献率较大，所以我们使用这三个主成分。

表 4-2　特征值与方差贡献率

成分	特征根	方差贡献率	累积方差贡献率
1	2.735	0.547	0.547
2	1.010	0.202	0.749
3	0.923	0.185	0.934

表4-2(续)

成分	特征根	方差贡献率	累积方差贡献率
4	0.222	0.045	0.979
5	0.11	0.021	1

注：笔者采用 R 软件中 Landgraf 提供的命令包计算得到表中的数据。

我们提取前三个特征根，通过对载荷矩阵进行旋转，可以得到表 4-3 的载荷系数。如表 4-3 所示，成分 1 与连续时长的相关性较强，成分 2 与证件要求主成分 2 相关性较强，成分 3 与证件要求主成分 1 相关性较强，体现出最终的两个主成分分别在连续时长要求和各类证明要求上有良好的代表性。因此我们将前三个主成分分别命名为：时长主成分、证件主成分、居住证明主成分。

表 4-3　载荷系数

变量	载荷系数 1	载荷系数 2	载荷系数 3
务工时长/月	0.573	0.064	-0.170
社保缴纳时长/月	0.563	0.070	-0.015
居住时长/月	0.553	0.064	-0.193
证件要求主成分 1	0.220	-0.291	0.917
证件要求主成分 2	0.033	0.950	0.304

注：笔者采用 R 软件中 Landgraf 提供的命令包计算得到表中的数据。

因此，异地入学门槛指数（SERI）的计算公式为

$$\text{SERI}=\frac{\text{时长主成分}\times 2.735+\text{证件主成分}\times 1.010+\text{居住证明主成分}\times 0.923}{2.735+1.010+0.923}$$

依照上述方法，我们最终计算得到的入学门槛指数共涵盖 152 个城市，其中有 109 个城市出现四期，38 个城市出现三期，仅 5 个城市出现两期或一期。总体而言，不同年份所包含的城市样本较为一致，避免了不同年份代表性不一致的问题。图 4-8 展示了 2013—2016 年城市入学门槛指数各年均值与标准差。从时间趋势上看，门槛指数的均值与标准差均在 2014 年增加，随后逐年递减。这一趋势与我国 2014 年中央提出“两纳入”、2015 年

提出“两统一”和“钱随人走”的政策相一致①。

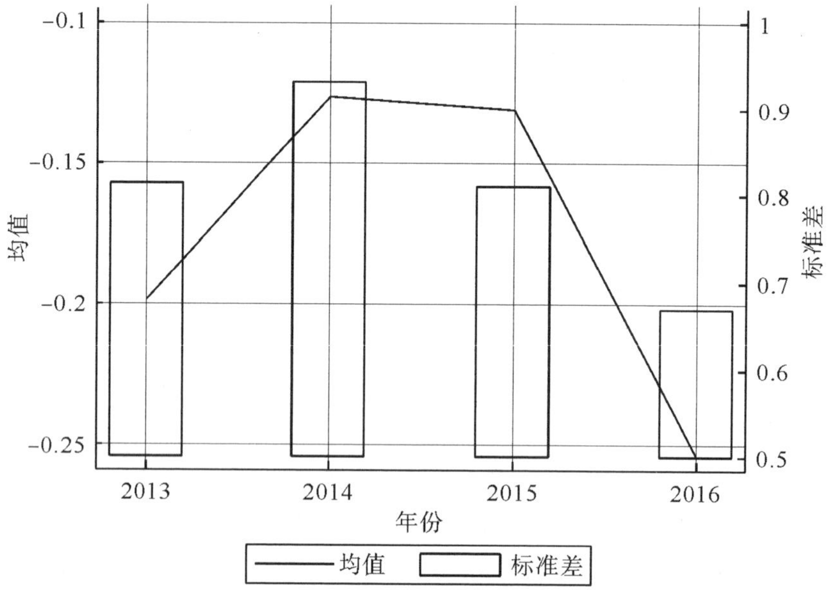

图 4-8 2013—2016 年入学门槛指数时间趋势

［注：根据本书量化构造形成的异地入学门槛指数（SERI）绘制］

图 4-9 根据 2013—2016 年城区常住人口规模，将样本城市分为一线、二线和其他城市查看各线城市入学门槛指数的时间趋势。可以看到，一、二线城市入学门槛的趋势与其他城市存在一定差异，尤其是一线城市在 2013—2016 年义务教育异地入学难度持续上升。原因在于，2014 年开始的户籍制度改革要求严格限制特大城市人口规模②，北京、上海等地区不断提高流动人口子女入学门槛，试图以教控人（杨娟、宁静馨，2019）。

① 2014 年提出的“两纳入”政策，明确了流入地对随迁子女义务教育的财政职责。因此地方政府可能出于教育财政压力的考虑，提升了义务教育入学门槛。随后 2015 年中央提出“两统一”的要求和“钱随人走”的政策，义务教育财政压力有所缓解。

② 参见：2013 年《中共中央关于全面深化改革若干重大问题的决定》。

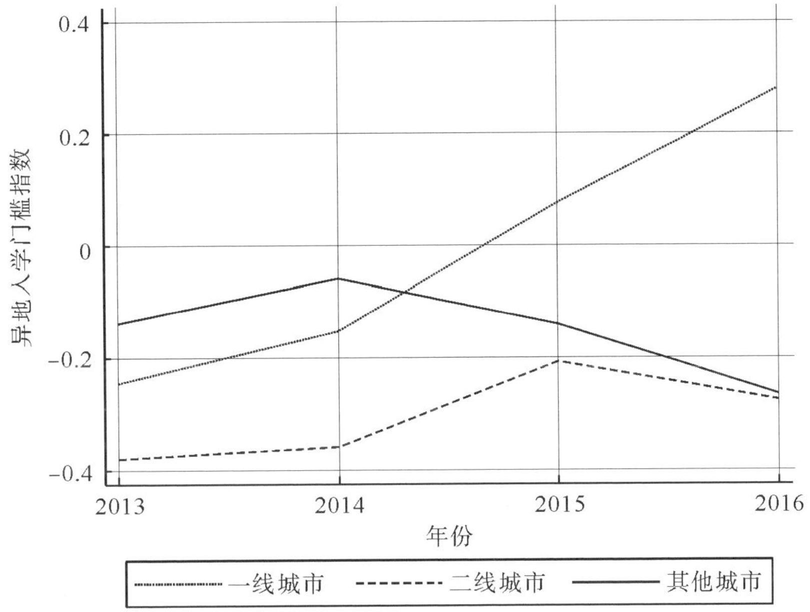

图 4-9 2013—2016 年各线城市入学门槛指数时间趋势

［注：根据本书量化构造形成的异地入学门槛指数（SERI）绘制］

4.3 本章小结

本书主要以公共教育服务均等化为研究对象，而本章则对我国公共教育服务均等情况进行了实然分析。具体来说，城乡教育财政资源分布不均，随迁子女异地入学存在门槛。这两方面的制度因素直接影响了公共教育服务均等化进程。本章即对上述两个问题展开现状分析。

城市和农村的生均教育经费支出水平可以较好地反映城乡学生获取的教育资源数量。数据显示，我国义务教育阶段生均教育经费支出不断增加，且自 2010 年以来增速有所加快。但农村地区教育经费整体低于全国平均水平，且 2013 年以来城乡生均教育经费支出的差距持续扩大。分地区看，在一线城市中，城乡生均经费支出总体没有明显差异。但在二线城市和其他城市中，义务教育各学段城市地区的生均经费支出均高于农村地区。考虑到生均教育经费包含一定民间资源投入，本章进一步剥离民办教育资源部分，以公共财政性教育经费衡量公共教育资源城乡差异。研究发现，小学和初中阶段的财政性教育经费占总经费的比例比高中阶段更高，二线城市与其他城市的城市地区生均教育财政经费支出均高于农村地区。此外，教育财政经费支出直接形成学校办学质量。城市学校因为有更多的财政教育经费，所以拥有更高的仪器设备价值和工资性支出，更多的图书与职工，进而能够更有力地促进儿童人力资本积累。

构建流动人口子女义务教育异地入学门槛指数，不仅能够直观反映不同城市异地入学限制难度，还能够严谨深入地量化其影响。本章搜集整理了 2013—2016 年我国城市异地入学政策文件，提取了关于入学政策要求的 12 个指标。本章先采用 Convex Logistic PCA 提取数据信息，获得两个连续的主成分，后将务工时长、社保缴纳时长、居住时长三个连续时长指标一起进行传统线性主成分分析，提取特征根大于 1 或接近 1 的主成分并按照特征根大小进行加权，最终得到包含 152 个城市义务教育异地入学门槛指数。结果显示，门槛指数的均值与标准差均在 2014 年增加，随后逐年递减。“两纳入”“两统一”和“钱随人走”政策有效缓解了人口流入地义务教育财政支出压力，随迁子女入学门槛逐渐降低。分地区看，一、二线城市和其他城市入学门槛的趋势并不一致，尤其是一线城市在 2013—2016 年义务教育异地入学难度持续上升，而其他城市自 2014 年起异地入学门槛逐渐降低。

5 义务教育财政均等化对城乡儿童人力资本差距的影响

如前文所述，我国城市与农村地区义务教育公共服务一直存在差异，城市地区小学、初中的生均教育财政经费均高于农村地区。除城乡差异以外，区域间的义务教育公共服务差异放大了城乡户籍劳动者子女可以获得的教育资源差距。数据显示，我国存在大量从农村迁移到经济较为发达的城市务工的劳动者（见图 1-3）。然而，我国在义务教育阶段实行以户籍制度为基础的“就近入学”政策，流动人口子女在流入地获得公共教育服务的可能性受到流入地的异地入学门槛限制。根据我们对政策的搜集量化结果，流动人口收入越高的地区设置了更高的异地入学门槛（见图 1-4），流动人口子女无法享受流入地城市地区的高质量公共教育服务，只能进入打工子弟学校等民办学校就读或选择将子女留守在老家就读。

从直觉上来说，上述的我国城乡义务教育公共服务不均等状况，无疑会对城乡儿童人力资本积累差距造成影响。具体来说，城乡教育财政经费差异与异地入学限制导致农村儿童无法获得与城市儿童同等的公共教育服务质量。同时，我国大量流动人员进城务工引致大量留守儿童存在。这些留守儿童缺乏父母的陪伴，而父母的时间陪伴被已有文献验证，其对于儿童的人力资本积累存在重要的影响，甚至这一影响超过了家庭对子女教育金钱投入的影响（Agostinelli & Sorrenti，2022）。因此，异地入学门槛会引致子女留守，造成农村留守儿童缺少父母的时间投入，从而导致人力资本积累损失。

本章研究旨在基于模型与微观数据，从定性的角度验证上述分析，同时从定量的角度分解出公共教育财政不均等、家庭时间投入等因素在多大程度上引致了城乡儿童人力资本积累差距。为了实现这一研究目标，我们面临三个方面的挑战：①人力资本积累水平本身难以量化。并且本章需要刻画人力资本积累过程，这意味着还需要人力资本水平指标在不同年龄阶段动态可比。只有满足这一条件，才可以捕捉人力资本水平的动态发展状况。②人力资本发展过程是动态积累的，早期人力资本积累状况对于生命周期的人力资本发展具有持续影响。此外，各投入要素之间存在互补或替代效应，这意味着人力资本积累函数是非线性的，简约式的回归无法实现参数的估计。③在非线性函数中，变量的测量误差会引致参数估计偏误。另一种内生性来源还在于家庭会对子女人力资本积累冲击做出反应，因此家庭的教育投入决策是内生的，同样会使得参数估计有偏。

我们参照已有文献（Attanasio et al.，2017；Attanasio et al.，2020），分别采用以下方法解决上述问题：①采用潜变量模型，综合 CFPS 数据的多个测试得分提取动态可比的人力资本水平。通过对所有需要用到的变量均采用潜变量模型提取潜在指标，分离变量的测量误差。②采用最小距离法估计动态非线性人力资本积累函数中的参数。③以最低工资和价格数据为家庭教育投入的工具变量，采用控制函数法来克服家庭教育投入的内生性问题。具体的模型与研究方法在下一部分进行交代。在估计出人力资本动态积累函数后，可以进行反事实模拟，查看公共教育服务均等化对城乡儿童人力资本积累水平的影响。

本章研究发现，人力资本积累是一个动态累积的过程，早期的人力资本积累水平存在持续性的影响，但人力资本积累存在一个“回归”的过程，人力资本存量较低的子女，其人力资本存量的边际产出更高。家庭教育投入则会放大本身的人力资本积累差异，因为人力资本存量越高的子女，家庭教育投入的边际产出越高。从反事实模拟来看，当农村儿童 10~11 岁获得的公共教育投入水平达到城市水平时，10~11 岁的城乡儿童人力资本水平差缩小了 2.2%，12~13 岁差距缩小了 51.7%，14~15 岁差距缩小了 37.3%。换算成城乡劳动者第一份工作的工资性收入，相当于城乡差距缩小了 12.4%。

本章接下来的结构如下：5.1 交代本章的模型与研究方法；5.2 介绍使用的数据、描述统计与特征事实；5.3 为本章的估计结果；5.4 为反事实分析；5.5 将人力资本积累差距与工资性收入差距联系起来；5.6 为本章的结论。

5.1 模型与研究方法

首先，要准确估计出公共教育资源投入均等化对人力资本积累差距的影响，核心在于通过计量手段估计和揭示人力资本动态积累过程。直观而言，这一过程由人力资本动态积累函数刻画，函数的因变量为各年龄人力资本积累水平，自变量为影响人力资本水平的一系列因素，通常包含：公共与家庭教育投入、时间与金钱投入、父母的人力资本水平等代际传递相关因素、社区环境等因素。根据经济理论与已有文献的研究，人力资本动态积累函数形式通常是非线性的，函数中的参数在年龄维度存在异质性。并且，人力资本积累过程的动态性还体现在滞后期的人力资本水平会对当期人力资本积累过程存在持续性的影响。上述特征意味着我们无法通过简约式的估计来解释人力资本动态积累函数，需要采用最小距离法，寻找一组参数使得模型与实际数据的距离最小来估计人力资本积累函数。此外，由于家庭会对不可观测的人力资本生产率冲击做出反应，这意味着家庭的教育金钱与时间投入存在内生性问题，在估计时需要借助工具变量和控制函数法来克服内生性带来的参数估计偏误。

在数据可得的情况下，估计出人力资本积累动态函数后，即可进行反事实模拟，查看公共教育投入或家庭教育投入均等化下城乡样本人力资本的反事实差距。然而，在数据可得性层面，我们面临以下两方面的具体问题：其一，人力资本水平本身难以量化，缺乏不同年龄段可比的指标；其二，人力资本水平、家庭教育金钱和时间投入等数据存在测量偏差，在线性模型中测量误差会导致衰减偏误，然而在非线性模型中测量误差的影响会被放大且导致的参数偏误方向不确定（Attanasio et al.，2017）。具体到我国的微观数据，尽管 CFPS 数据从 2010 年以来每两年对于 10 岁及以上的样本进行了字词、数学、记忆力与数列测试来考察样本的认知能力与人力资本水平，但每次调查只进行其中两种测试，下一次调查轮换为另两种测试。由于不同测试的分数无法直接相比，我们采取潜变量模型，通过可观测但在年龄上无法连续观测的测试成绩来估计样本的人力资本水平。并且，潜变量模型可以分离出现实数据中的测量误差，克服测量误差带来的内生性问题。

针对上述挑战，本书基于中国家庭追踪调查数据，提出有针对性的识别方案，具体分为三步。我们首先采用潜变量模型，估计相关变量的联合分布，从而在分离测量误差的同时，基于丰富的微观调查数据信息提取出动态可比的人力资本水平、家庭投入等指标。然后从联合分布中进行抽样，形成估计人力资本动态积累函数的基础数据，并根据已有文献的理论模型，使用价格数据作为家庭对子女人力资本投入的工具变量，在进行参数估计时结合控制函数法来克服内生性问题。最后使用最小距离的估计方法，估计非线性函数中的参数数值，并进行反事实模拟。

下面详细介绍本章的研究方法。需要说明的是，本章的研究方法总体分为三步，最后一步为核心——估计人力资本动态积累函数。为了使得研究方法的主线更为清晰，我们首先交代第三步，然后说明第二步如何处理内生性问题，最后说明第一步如何对数据进行处理。

5.1.1 第三步：人力资本动态积累函数与最小距离法

估计人力资本动态积累函数是本部分研究的核心内容：

$$C_t \equiv \begin{bmatrix} \delta_{C_t}(C_{t-1})^{\rho_t} + \delta +_{RI_t}(\mathrm{RI}_t)^{\rho_t} + \delta_{TI_t}(\mathrm{TI}_t)^{\rho_t} + \\ \delta_{IA_t}(\mathrm{IA})^{\rho_t} + \delta_{PC_t}(\mathrm{PC})^{\rho_t} + \delta_{PE_t}(\mathrm{PE}_t)^{\rho_t} \end{bmatrix}^{1/\rho_t} A_t \quad (5-1)$$

式（5-1）中，角标 t 代表子女的年龄，C_t 为子女在年龄 t 时的认知能力水平。认知能力的发展是动态积累的过程，因此 C_t 由上一期的认知能力水平 C_{t-1} ，家庭对子女的教育资源（金钱）投入 RT_t 、时间投入 TI_t 共同决定。同时，子女的先天禀赋 IA、父母的认知能力 PC，以及公共教育资源投入 PE_t 同样会影响到子女认知能力的发展。$1/(1-\rho_t)$ 衡量了各个投入要素之间的替代弹性，当 $\rho_t \to 1$，意味着各投入要素之间为完全替代的关系；当 $\rho_t \to -\infty$，意味着各投入要素完全互补；当 $\rho_t = 0$，意味着积累函数为 C-D 形式，要素之间的替代弹性为 1。A_t 代表子女认知能力积累过程中的全要素生产率，由一系列变量共同决定：父亲（母亲）年龄 $\mathrm{FA}_t(\mathrm{MA}_t)$、所在地的城乡属性 RU 和流动人口占比 MR、家庭中孩子数量 CN、子女出生顺序 BO 和性别是否为女性 G ，以及扰动项 u_t ，如式(5-2)所示。

$$A_t = \exp\begin{pmatrix} \delta_{0t} + \delta_{\mathrm{FA}_t}\mathrm{FA}_t + \delta_{\mathrm{MA}_t}\mathrm{MA}_t + \delta_{\mathrm{MR}_t}\mathrm{MR} + \\ \delta_{\mathrm{RU}_t}\mathrm{RU} + \delta_{\mathrm{CN}_t}\mathrm{CN} + \delta_{\mathrm{BO}_t}\mathrm{BO} + \delta_{G_t}G + u_t \end{pmatrix} \quad (5-2)$$

可以看到，式（5-2）有几个重要特征。首先是 δ 衡量了各个因素对人力资本积累的影响，角标 t 代表在不同的年龄段，家庭、公共教育投入等因素对人力资本积累的影响可以不同。这一设定既符合已有国际文献的发现（Attanasio，2015；Almond et al.，2018），也能够为有针对性的政策干预提供更具体的依据。其次，C_{t-1} 意味着人力资本的积累是一个动态过程，早期的人力资本水平有着持续性的影响。包含这一动态视角使得模型设定贴近现实，有利于识别不同时期人力资本水平的真实影响。另外，A_t 包含了多维度的因素，尽可能涵盖父母、家庭、子女个体以及地区特征对积累效率的影响。最后，C_t 是一个非线性函数。对线性假定的放松，使得本书可以识别在不同年龄段、不同要素之间的替代关系。

本书通过最小距离法来估计上式中的参数，主要思路为：通过最小化参数预测的人力资本水平 $\widehat{C_t}$、与真实数据中的人力资本水平 C_t 的距离来尽可能地拟合现实，从而实现参数的估计，并通过 bootstrap 得到参数的标准误：

$$\widehat{C_t} \equiv \begin{bmatrix} \widehat{\delta_{C_t}}(C_{t-1})^{\rho_t} + \widehat{\delta_{\mathrm{RI}_t}}(\mathrm{RI}_t)^{\rho_t} + \widehat{\delta_{\mathrm{TI}_t}}(\mathrm{TI}_t)^{\rho_t} + \\ \widehat{\delta_{\mathrm{IA}_t}}(\mathrm{IA})^{\rho_t} + \widehat{\delta_{\mathrm{PC}_t}}(\mathrm{PC})^{\rho_t} + \widehat{\delta_{\mathrm{PE}_t}}(\mathrm{PE}_t)^{\rho_t} \end{bmatrix}^{1/\rho_t} A_t \tag{5-3}$$

然而，要准确识别人力资本动态积累过程，即式（5-3）中的参数，主要面临三个方面的挑战。一是缺乏直接可得的衡量人力资本水平的指标。估计人力资本积累动态过程要求这一指标在不同年龄段 t 具有可比性，因此常用的受教育年限、学习成绩等指标失效。尽管 CFPS 调查数据对 10 岁及以上受访者的字词、数学等方面的能力进行了测试，但相近两期调查轮换测试科目，导致数据缺乏对某项科目测试能力在年龄上的连续观测。二是式（5-3）中的金钱、时间投入等变量存在测量误差。测量误差的影响在动态模型中被放大，并且无法从理论上判断这一误差导致参数被低估还是高估。要实现准确估计，需要对变量的测量误差进行分离。最后，家庭对子女的教育资源、时间投入决策，可能与人力资本积累效率的冲击项 u_t 相关，从而带来内生性问题。父母在预期到不利于子女人力资本积累的冲击时，可能会增加家庭投入以弥补负向冲击的影响。因此，要实现参数的无偏估计，需要借助工具变量以克服家庭投入的内生性问题。由此引出本章研究方法中的第一步与第二步。

5.1.2 第二步：家庭教育投入决策与控制函数法

模型中家庭教育资源与时间投入 RI、TI 反映的是家庭对子女教育的投入决策，是家庭基于一系列因素的综合考虑，相关因素具体可分为五类：

第一类是衡量家庭预算约束的变量，代表家庭可投入的最大化总资源，例如本书所使用的提取家庭教育资源投入潜变量的原始指标，家庭总收入。此外，时间资源也是家庭可投入的重要资源，父母的劳动供给决策本质上是在时间与金钱资源中权衡，决定了家庭可用于子女教育资源的最大投入。

第二类是教育产品的价格，直接影响家庭可投入的教育产品数量。给定家庭总收入水平，当市场上教育产品价格越高时，可投入的教育产品数量越少；当市场上教育产品价格越低时，可投入的教育产品数量越多。同时，对于家庭而言，教育产品的价格是由市场外生给定的，不受个别家庭的影响。

第三类变量是关于家庭对子女教育回报预期的变量。直观而言，当家庭预期子女教育回报较高时，会增加对子女的教育投入，反之当家庭预期子女教育回报较低时，不会通过增加对子女的教育投入来改善家庭福利。具体而言，子女当前的人力资本存量会影响到父母的教育投入决策。由于人力资本积累是一个动态持续的过程，当前的人力资本存量会影响到之后的家庭教育投入的边际产出。当父母预期，对于当前人力资本水平较高的子女，教育资金或时间的边际产出更高时，则会增加对人力资本存量较高的子女的教育投入，即人力资本存量与家庭教育投入存在互补性。父母的人力资本水平同样可能影响教育投入，一方面在于父母的人力资本水平反映了其对于子女教育资源投入价值的认知程度，另一方面也反映了父母生命周期内的人力资本回报与家庭总资源。此外，子女的初始禀赋、性别、家庭子女数量与子女出生顺序，以及家庭所在社区环境因素等，可能影响父母对教育投入回报的预期。

第四类变量是关于公共教育财政投入的变量。当父母预期，公共教育投入与家庭教育投入在子女的人力资本积累函数中是互补关系时，公共教育投入增加会引致家庭教育投入的增加。当父母预期公共教育投入与家庭教育投入相互替代时，公共教育投入增加会减少家庭教育投入。对应到本书所关注的城乡公共教育投入均等化问题，若二者为互补关系，城乡公共教育投入的均等化，会引致家庭教育投入的均等化，从而进一步提升城乡儿童人力资本积累水平的均等程度。

第五类变量为研究者不可观测的人力资本积累效率冲击，式（5-2）

中的 u_t 。当父母观测到负向的人力资本积累冲击时，会采取增加当期教育投入来应对这一冲击，避免子女人力资本积累受到不利影响。这意味着家庭教育投入与不可观测的冲击相关，同时影响子女的人力资本积累水平，从而导致参数估计的内生性问题。

基于以上阐述可以发现，一方面，基于微观数据刻画家庭的教育资源与时间投入决策，对于了解家庭教育投入决策机制、优化相关政策设计具有重要意义；另一方面，家庭教育投入决策受到不可观测的人力资本积累冲击影响，带来参数识别的内生性问题。因此，本书参照已有文献（Attanasio et al.，2017，2020；Autor et al.，2016），引入区县层面最低工资（MW）与价格变量（P）作为工具变量，通过简约式回归来刻画家庭教育投入决策，并通过控制函数法来解决人力资本生产函数估计中家庭教育投入的内生性问题。

首先，我们将家庭教育资源与时间投入对上述变量分别进行如下的回归，估计出家庭教育投入过程中的参数：

$$y_{it} = \alpha_{0t} + \alpha_{1t}\,\mathrm{MW}_{ct} + \alpha_{2t}\,P_{ct} + \alpha_{3t}\,C_{i,\,t-1} + \alpha_{4t}\,\mathrm{PC}_i + \alpha_{5t}G\_i + \alpha_{6t}\,\mathrm{IA}_i + \alpha_{7t}\,\mathrm{CN}_{it} + \alpha_{8t}\,\mathrm{BO}_{it} + \alpha_{9t}\,\mathrm{RU}_i + \alpha_{10t}\,\mathrm{MR}_{it} + \alpha_{11t}\,\mathrm{FA}_{it} + \alpha_{12t}\,\mathrm{MA}_{it} + \alpha_{13t}\,\mathrm{PE}_{it} + \nu_{it} \tag{5-4}$$

其中，参数均含有下角标 t ，代表家庭的教育投入决策可能随子女年龄而存在差异。y_{it} 分别是家庭的教育资源投入 RI_{it} 与时间教育投入 TI_{it} 。MW_{ct} 、P_{ct} 为区县层面的最低工资与价格指数变量，为本部分的工具变量。ν_{it} 为包含不可观测的人力资本积累冲击的残差项。其余变量含义与设定与人力资本动态积累函数一致。分别估计后可得家庭资源投入对应的残差项 $\hat{\nu}_{1t}$ ，家庭时间投入对应的残差项 $\hat{\nu}_{2t}$ ，并将其加入最小距离法的估计当中，从而克服家庭教育投入的内生性问题：

$$\widehat{C_t} = \begin{bmatrix} \widehat{\delta_{C_t}}\,(C_{t-1})^{\rho_t} + \widehat{\delta_{\mathrm{RI}_t}}\,(\mathrm{RI}_t)^{\rho_t} + \widehat{\delta_{\mathrm{TI}_t}}\,(\mathrm{TI}_t)^{\rho_t} + \widehat{\delta_{\mathrm{IA}_t}}\,(\mathrm{IA})^{\rho_t} + \\ \widehat{\delta_{\mathrm{PC}_t}}\,(\mathrm{PC})^{\rho_t} + \widehat{\delta_{\mathrm{PE}_t}}\,(\mathrm{PE}_t)^{\rho_t} + \widehat{\delta_{\nu_{1t}}}\,(\hat{\nu}_{1t})^{\rho_t} + \widehat{\delta_{\nu_{2t}}}\,(\hat{\nu}_{2t})^{\rho_t} \end{bmatrix}^{1/\rho_t} A_t \tag{5-5}$$

5.1.3　第一步：人力资本水平与潜变量模型

在数据完美的情况下，我们可以基于上述的最小距离和控制函数法估计出人力资本动态积累函数，并进行反事实模拟，查看在城乡公共教育投入均等化状况下，城乡儿童人力资本积累差距。然而，现实数据存在两个主要的问题：缺乏年龄动态可比的人力资本水平指标，测量误差带来的参数估计偏误在动态函数中被放大且偏误方向无法判断。本书采用潜变量模型克服这两个问题。

Cunha 等（2010）、Attanasio 等（2017；2020）运用动态潜变量模型来克服人力资本动态积累函数中的数据问题。潜变量模型的主要逻辑在于：现实数据 M 存在测量误差，部分地反映了我们需要识别的人力资本水平等潜变量 θ，因此我们可以综合运用丰富的现实数据，通过多个数据变量共同去识别一个潜变量。同时，CFPS 数据中包含了多项能力测试、家庭教育投入等数据，教育财政数据中也包含了丰富的投入指标，为我们识别模型中的潜变量提供了数据支持。因此，我们将人力资本动态积累函数中的所有变量均视为潜变量，将 CFPS 与教育财政数据中的数据指标视为包含测量误差的原始指标，通过潜变量模型将每一个原始指标分解为反映潜变量信息的部分与测量误差部分。接下来简要介绍潜变量模型。

假设 1：模型中的潜变量 θ 累计分布函数如下：

$$F_{\theta} = \tau\Phi(\mu_A,\ \Omega_A) + (1 - \tau)\ \Phi(\mu_B,\ \Omega_B) \tag{5-6}$$

其中，θ 指代式（5-3）中所有变量构成的向量，F_{θ} 是其联合分布，由两个联合正态分布 $\Phi(\mu_A,\ \Omega_A)$、$\Phi(\mu_B,\ \Omega_B)$ 混合构成，τ 衡量了两个正态分布的相对占比。θ 作为不包含测量误差的完美数据，无法从现实数据中直接观察得到。同时，需要说明的是，区别于现实数据，本书关键潜变量——人力资本积累水平 C_t 是动态可比的。

假设 2：我们基于微观数据调查获取的指标 M，由反映潜变量信息的部分与测量误差共同构成，存在如下对应关系：

$$M = A + \Lambda\ln\theta + \Sigma_{\epsilon} \tag{5-7}$$

其中，M 的维度大于 θ 的维度，对于每一个潜变量，都有至少两个数据指标来识别，并且存在一个潜变量是通过三个及以上数据指标来识别的。Λ 是衡量数据指标与潜变量对应关系的矩阵，矩阵的行多于列。Σ_{ϵ} 是数据指标中的噪声矩阵，即与潜变量无关的测量误差。

基于上述两个假定，微观数据指标 M 的联合分布可以表示为等式：

$$F_M = \tau\Phi(\Pi_A,\ \Psi_A) + (1 - \tau)\Phi(\Pi_B,\ \Psi_B) \tag{5-8}$$

其中：

$$\Pi_A = A + \Lambda\mu_A,\ \Pi_B = A + \Lambda\mu_B\ \Psi_A = A + \Lambda^T\Omega_A\Lambda + \Sigma,$$

$$\Psi_B = A + \Lambda^T \Omega_B \Lambda + \Sigma \tag{5-9}$$

假设3：每一个潜变量对应的第一个数据指标中的 Λ 元素标准化为1，同时将基期的一个潜变量均值标准化为1，即 $\mu_{A1,\ t0} + \mu_{B1,\ t0} = 0$。

在上述假定下，我们可以通过EM（expectation maximum）与最小距离算法，根据以下步骤估计出潜变量分布函数中的参数 τ 、μ_A 和 μ_B 、Ω_A 和 Ω_B ：

第一，通过EM算法，估计出现实数据指标分布函数 F_M 中的参数 τ 、Π_A 、Π_B 、Ψ_A 和 Ψ_B 。具体而言，首先通过聚类得到参数的初始值 τ^0 、Π_A^0 、Π_B^0 、Ψ_A^0 和 Ψ_B^0 ，进行第 E 步：基于初始值计算出联合分布的条件概率期望。然后进行第 M 步：通过最大化样本联合分布概率得到迭代一次后的参数 τ^1 、Π_A^1 、Π_B^1 、Ψ_A^1 和 Ψ_B^1 ，比较两组参数，迭代至参数收敛。

第二，基于上述 F_M 与 F_θ 中参数的对应关系，结合假设3中的标准化设定，可以通过最小距离法估计出潜变量分布函数 F_θ 中的参数 τ 、μ_A 、μ_B 、Ω_A 和 Ω_B 。

基于已知的潜变量联合分布 F_θ 进行随机抽样，可得到用于估计动态人力资本积累函数的样本数据。

5.2 数据、描述统计与特征事实

5.2.1 微观数据

本章主要使用2010年、2012年、2014年和2016年四期中国家庭追踪调查（China Family Panel Studies，CFPS）数据来进行分析。中国家庭追踪调查是北京大学中国社会科学调查中心实施的一项跟踪调查。CFPS搜集了个体、家庭、社区三个层次的数据，涵盖中国社会、经济、人口（省、自治区、直辖市），同时覆盖农村和城市。尤其需要说明的是，CFPS数据对年龄在10岁及以上的人群进行了一系列测试。其中，CFPS于2010年与2014年进行了语言与数学能力两类测试，2012年与2016年进行了数列与记忆力两类测试，并在微观数据中展示了相关的测试分数，为本书识别年龄上动态可比的人力资本水平提供了数据基础。考虑到样本的调查设计与数据情况，我们将考察的年龄划分为三个阶段：10~11岁、12~13岁、

14~15岁，估计这三个阶段的人力资本动态积累函数。此外，我们匹配了2013年区县教育财政经费数据，来衡量城乡义务教育阶段公共教育服务水平。

最后本书所得的数据样本量为4 868，即共有4 868个小孩的观测样本。相关变量主要有两类：一类是包括各类测试得分在内的随年龄变化的动态变量；另一类是包含性别、父母人力资本水平在内的不随年龄变化的变量。这部分变量直接来源于微观数据，接下来本书将通过潜变量模型对这部分变量数据进行处理，从而估计出潜变量分布中的参数，并对分布进行随机抽样得到用以估计人力资本积累动态函数的数据。接下来我们对样本数据进行描述统计，并查看部分相关的典型特征事实。

5.2.2 描述统计

表5-1展示了各年龄段（随年龄变化）变量的样本量、均值与标准差情况。前五行分别是各项能力测试得分与访员对儿童的智力评分。围绕相关变量，有以下两点需要进行说明。首先是能力测试得分的有效样本量情况。可以看到，四项能力测试的评分数据样本量约为访员智力评分样本量的二分之一，原因在于CFPS数据会轮换能力测试项目，相同的能力测试每四年重复一次，而访员对小孩的智力评分为每两年一次的访问均会询问。这也进一步说明了本书采用潜变量模型来估计人力资本积累水平的必要性。其次，从变量的年龄趋势上来看，各项测试得分与访员智力评分变量均随着年龄的增长有所增长，符合人力资本动态积累的趋势；教育资金投入为家庭教育资金投入与亲朋好友投入之和，相关变量同样随着年龄的增长而增加，教育时间投入则与之相反，呈现出随年龄增长而下降的趋势。本书关注的年龄段为10~15岁，其中12岁及之后为法定的初中阶段学龄，子女在学校寄宿的概率和自主能力均有所提升，因此相关数据特征符合直觉。

表 5-1 随年龄变化的特征变量描述统计

	(1)	(2)	(3)	(4)	(5)	(6)	(7)	(8)	(9)
	10~11 岁			12~13 岁			14~15 岁		
	样本量	均值	标准差	样本量	均值	标准差	样本量	均值	标准差
字词测试得分	1 382	17. 63	6. 850	1 315	21. 78	6. 729	1 453	25. 27	6. 465
数学测试得分	1 383	7. 879	3. 079	1 315	11. 02	3. 900	1 453	13. 69	4. 448
记忆力测试得分	1 178	5. 889	1. 811	1 293	6. 203	1. 709	1 228	6. 256	1. 677
数列测试得分	1 015	8. 403	3. 654	1 130	9. 617	3. 495	1 097	9. 603	3. 722
访员智力评分	2 557	5. 433	1. 134	2 619	5. 520	1. 120	2 709	5. 591	1. 095
教育资金投入	2 590	6. 124	1. 950	2 635	6. 352	1. 988	2 762	6. 764	2. 043
家庭教育资金投入	2 563	4. 840	2. 618	2 607	4. 881	2. 708	2 735	5. 320	2. 848
家庭收入	2 592	9. 850	1. 212	2 633	9. 850	1. 190	2 722	9. 827	1. 202
家庭成员辅导作业时间	2 629	3. 990	5. 229	2 646	2. 336	4. 160	2 642	1. 125	2. 943
家庭教育时间投入主成分 1	2 632	0. 156	1. 188	2 640	0. 005 01	1. 283	2 632	−0. 141	1. 338
家庭教育时间投入主成分 2	2 602	0. 195	1. 231	2 618	0. 015 7	1. 261	2 589	−0. 206	1. 228

表 5-2 显示了模型中不随年龄变化的特征变量的描述统计，其中前三列为城市样本的情况，后三列为农村样本的情况，城市样本占比约为 37.9%。前四行为衡量样本初始禀赋 IA 的变量。比较城市和农村样本可以发现，城市样本比农村样本平均早 2 个月开始走路和说话，早 4 个月开始独立小便，早 7 个月开始数数，一定程度上体现出城市儿童的初始禀赋或 3 岁以前的人力资本积累水平高于农村儿童。人力资本积累是动态持续过程，且已有研究发现 3 岁以前的人力资本积累水平对生命周期的人力资本积累有着非常重要的影响（Agostinelli & Sorrenti，2022；Heckman et al.，2013；Almond et al.，2018），因此在估计人力资本动态积累函数时，需要控制初始禀赋变量的影响。

接下来四行数据是 2013 年的教育财政经费数据，衡量了小学、初中、高中以及整体的教育经费支出情况。可以看到，在义务教育各个阶段，城市的义务教育经费支出均高于农村地区，体现出我国城乡公共教育资源供给不均衡的现实情况。从区县特征来看，城市地区的价格指数和最低工资更高，流动人口占比远高于农村地区。就父母的人力资本水平而言，城市地区的父母几项测试与访员智力评分均高于农村地区父母的平均水平，尤其是数学和字词测试得分，差距高达农村父母得分的二分之一左右。由此一定程度上揭露出人力资本积累的代际传递现象。如何通过政策干预来增强人力资本的代际流动性，从而提升社会流动性，搭建纵向发展阶梯，激发经济增长活力，是当前影响我国经济高质量发展的重要议题。

最后三行是样本的性别占比、家庭小孩数量与子女出生顺序。在性别构成方面，城乡没有较大的差异，但农村家庭小孩的数量在平均意义上多于城市家庭，相关的特征也体现在出生顺序变量。

表 5-2　不随年龄变化的特征变量描述统计

	(1)	(2)	(3)	(4)	(5)	(6)
	城市			农村		
	样本量	均值	标准差	样本量	均值	标准差
开始走路的月龄	1 392	13.78	4.265	2 092	15.39	5.805
开始说话的月龄	1 392	19.61	7.527	2 091	21.66	8.892
开始数数的月龄	1 368	31.14	14.05	2 022	38.57	15.77
开始独立小便的月龄	1 373	31.65	12.64	2 034	35.95	13.72

表5-2(续)

	(1)	(2)	(3)	(4)	(5)	(6)
	城市			农村		
	样本量	均值	标准差	样本量	均值	标准差
小学生均学校支出	1 726	8.670	0.572	2 944	8.506	0.421
初中生均学校支出	1 726	8.917	0.542	2 944	8.708	0.360
高中生均学校支出	1 473	8.776	0.821	2 818	8.486	0.472
教育经费总投入	1 719	0.770	0.407	2 934	0.592	0.211
价格指数	1 598	-0.035 2	0.934	2 805	-0.201	1.017
最低工资	1 589	1.879	0.046 0	2 602	1.858	0.039 3
流动人口占比	1 703	0.334	0.657	2 881	0.151	0.376
父母数学测试得分	1 410	12.35	4.722	2 284	8.092	4.443
父母字词测试得分	1 410	21.42	7.499	2 284	15.18	8.492
父母记忆力测试得分	1 249	5.350	1.392	2 063	4.643	1.576
父母数列测试得分	1 061	7.929	3.347	1 591	6.724	3.556
访员对父母的智力评分	1 833	5.499	0.929	2 964	5.170	1.004
是否为女孩	1 847	0.531	0.499	3 021	0.527	0.499
家庭小孩数量	1 847	1.480	0.703	3 021	1.845	0.913
小孩出生顺序	1 847	1.092	0.286	3 021	1.181	0.408

5.2.3 特征事实

在进行模型的正式估计之前，我们基于样本数据，首先绘制图形查看城乡儿童的测试得分情况，一方面有利于更直观地展示测试得分的差异及其随年龄变化的趋势，另一方面有利于后文将潜变量模型提取的城乡儿童人力资本水平与原始测试得分指标相对应和印证。

图 5-1 展示了 CFPS 数据中，10~15 岁各年龄的城镇与农村儿童样本的字词、数学、记忆力与数列测试得分。其中，虚线代表城镇家庭儿童，实线代表农村家庭儿童。可以看到，对于这四种测试，10~15 岁各年龄的城镇家庭儿童得分在均值上均高于农村家庭儿童。并且，在数学和数列测

试得分方面，城乡儿童的差距呈现出随年龄增长而扩大的趋势。

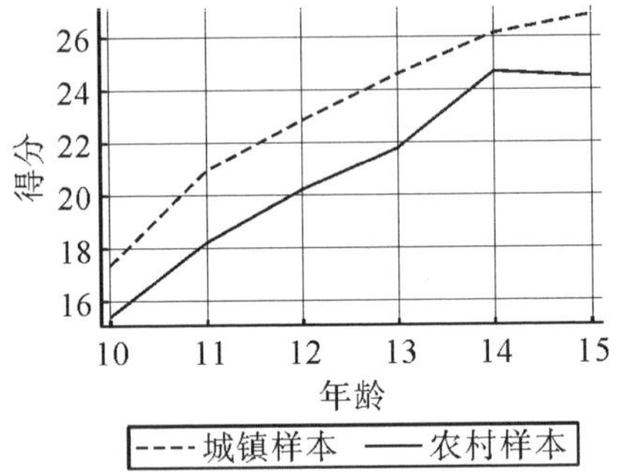

（a）字词测试得分

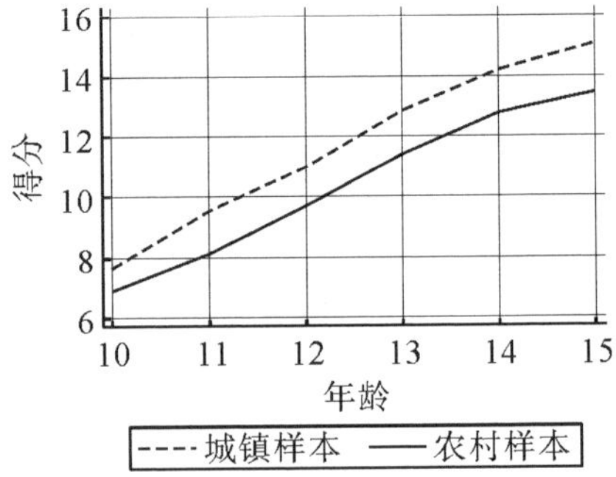

（b）数学测试得分

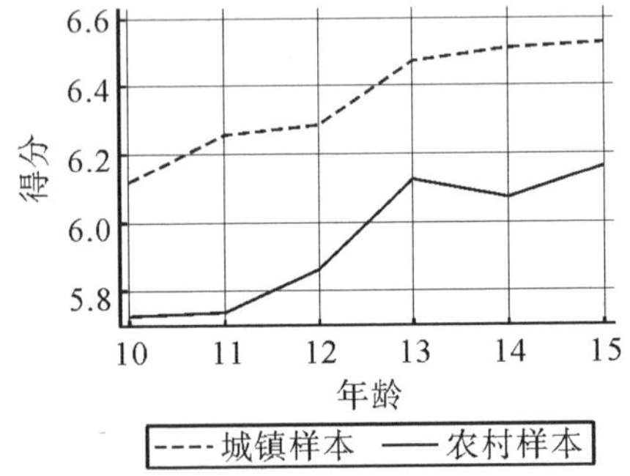

（c）记忆力测试得分

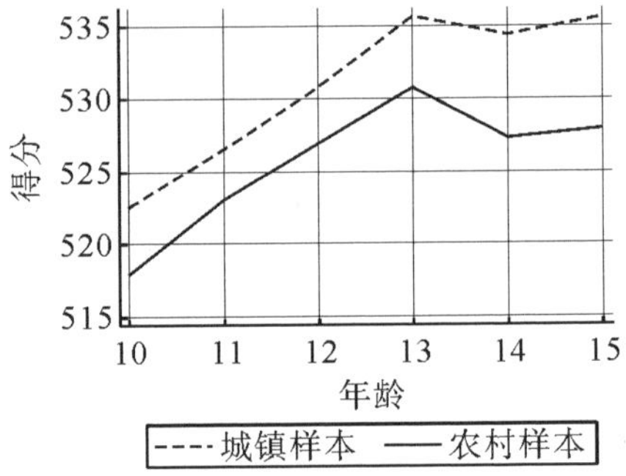

（d）数列测试得分

图 5-1　城乡儿童测试得分差异

（注：根据 2013—2016 年 CFPS 数据绘制。CFPS 对于 10 岁及以上的受访者进行了字词、数学、记忆力与数列测试）

图 5-1 从直观上展示了城镇与农村儿童在人力资本积累水平方面的差异。从经济直觉与已有研究结论判断，形成上述差异的原因之一是人力资本积累投入差异。因此，图 5-2 展示了城镇儿童与农村儿童获得的总教育资金投入、家庭教育资金投入情况。可以发现，城镇儿童所获得的教育投入均高于农村儿童。这些特征事实自然而然引申出本章的主要研究问题：这些投入差异是否显著引致了城乡儿童人力资本积累水平差异？在多大程度上引致了前述的字词、数学等测试得分的差异？城乡公共教育服务均等化能够在多大程度上缩小城乡人力资本积累水平差异？

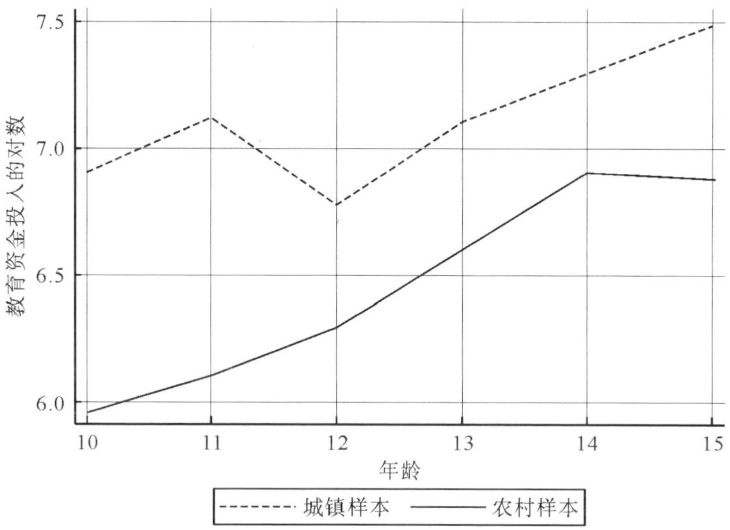

（a）总教育资金投入的对数

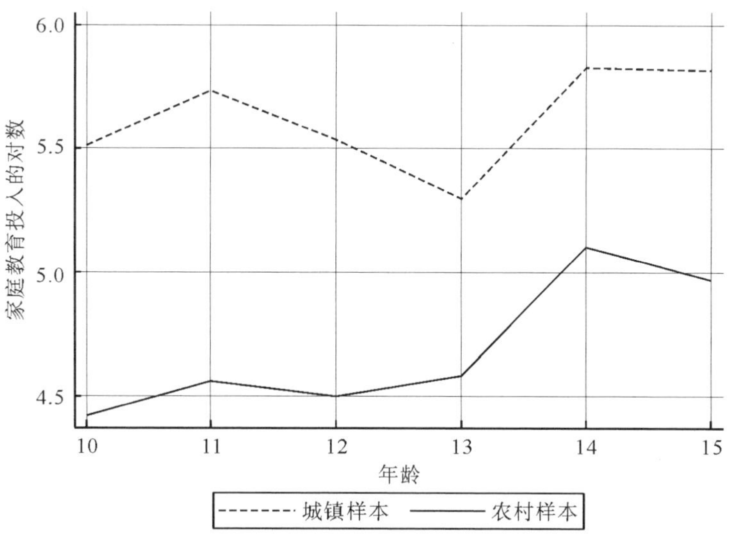

（b）家庭教育资金投入的对数

图 5-2　城乡儿童家庭教育投入差异

（注：根据 2013—2016 年 CFPS 数据绘制。CFPS 对于 10 岁及以上的受访者进行了字词、数学、记忆力与数列测试）

除金钱投入以外，人力资本的代际传递是不可忽视的一个方面，父母的人力资本水平会通过基因遗传方式影响子女的人力资本水平。图 5-3 展示了子女分别与父亲、母亲的数列测试得分。根据图 5-3，子女与父亲、母亲的数列测试呈现显著正相关，并且从拟合线的斜率来看，与母亲的拟合线斜率更高。这与部分研究发现的母亲对子女的影响较父亲更大的结论相一致（Francesconi & Heckman，2016；Cherchye et al.，2012）。

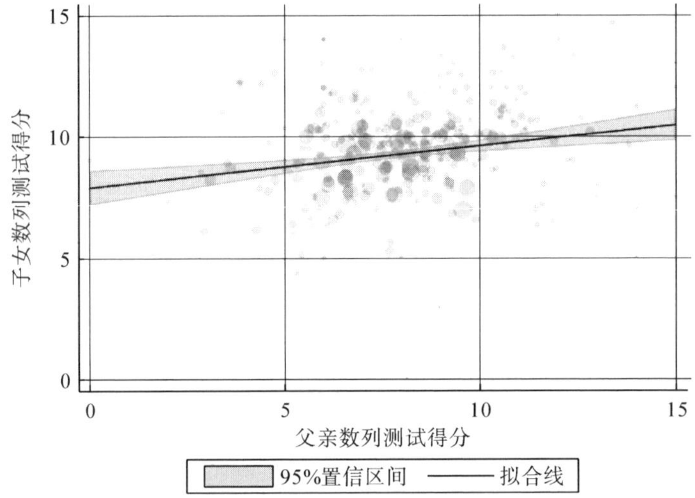

（a）儿童与父亲测试分数

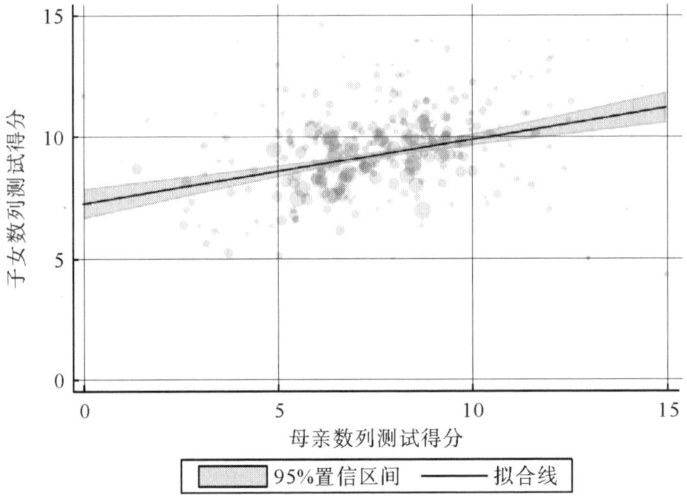

（b）儿童与母亲测试分数

图 5-3　城乡儿童与父母的测试得分相关性

（注：根据 2013—2016 年 CFPS 数据绘制。CFPS 对于 10 岁及以上的受访者进行了字词、数学、记忆力与数列测试。本图各散点代表 10~15 岁的儿童样本，散点大小代表 CFPS 数据中的样本权重高低）

5.3 估计结果

5.3.1 变量的联合分布

表 5-3 展示了本书所使用的潜变量、对应的原始指标以及信噪比 S 。信噪比（signal to noise ratio）衡量了原始指标包含的有效信息量占比，具有如下表达式：

$$S = \frac{\Lambda^2 var(\ln\theta)}{\Lambda^2 var(\ln\theta) + var(\epsilon)} \quad (5-10)$$

其中，$S \in [0, 1]$，当 S 越接近 1，代表原始指标中有效信息含量越多，噪音占比越小。噪音有两个可能的来源：一是测量误差；二是与对应的潜变量无关的其他信息。根据表 5-3 可以看到，除 14 岁的数学测试得分以及教育经费总投入以外，其余变量的信噪比均远低于 1，表明原始指标中含有大量的噪音。如果采用原始指标直接估计动态人力资本积累函数，会产生方向不可知、大小不可忽视的估计偏误。

具体来看，我们用五个指标来估计认知能力潜变量：访员智力评分、字词测试得分、数学测试得分、记忆力测试得分、数列测试得分。根据表 5-3 展示的信噪比，五个指标中字词和数学测试的信噪比较大，对认知能力的反应程度最高。在家庭教育资金和时间投入方面，包含亲友投入在内的教育资金总投入、家庭成员陪伴时间主成分 2 的信噪比最高。需要说明的是，家庭成员陪伴时间主成分是对一系列家庭成员时间投入的频率变量提取的主成分。时间投入主成分 1 与被动陪伴（passive company）的原始指标相关，例如父母主动放弃看电视等娱乐活动、要求子女完成作业等。时间投入主成分 2 与主动陪伴（active company）的原始指标相关，例如检查作业、限制子女看电视的类型等。可以发现，主动陪伴更能反映家庭教育时间投入信息。在用于提取初始禀赋的各指标中，开始数数的月龄信噪比最高，这一量化结果与直觉相符。教育经费总投入与各阶段的生均学校支出指标，在衡量公共教育资金投入方面的表现总体较好。

表 5-3 潜变量与原始指标信噪比

潜变量	原始指标	S
家庭资金投入（10 岁）（RI_{10}）	家庭收入（10 岁）	0. 23
	教育资金投入（10 岁）	0. 36
	家庭教育资金投入（10 岁）	0. 25
认知能力（10 岁）（C_{10}）	访员智力评分（10 岁）	0. 27
	字词测试得分（10 岁）	0. 36
	数学测试得分（10 岁）	0. 20
	记忆力测试得分（10 岁）	0. 07
	数列测试得分（10 岁）	0. 18
家庭时间投入（10 岁）（TI_{10}）	家庭成员辅导作业时间（10 岁）	0. 44
	家庭成员陪伴时间主成分 1（10 岁）	0. 10
	家庭成员陪伴时间主成分 2（10 岁）	0. 49
家庭资金投入（12 岁）（RI_{12}）	家庭收入（12 岁）	0. 27
	教育资金投入（12 岁）	0. 39
	家庭教育资金投入（12 岁）	0. 26
认知能力（12 岁）（C_{12}）	访员智力评分（12 岁）	0. 24
	字词测试得分（12 岁）	0. 30
	数学测试得分（12 岁）	0. 28
	记忆力测试得分（12 岁）	0. 12
	数列测试得分（12 岁）	0. 23
家庭时间投入（12 岁）（TI_{12}）	家庭成员辅导作业时间（12 岁）	0. 37
	家庭成员陪伴时间主成分 1（12 岁）	0. 10
	家庭成员陪伴时间主成分 2（12 岁）	0. 56
家庭资金投入（14 岁）（RI_{14}）	家庭收入（14 岁）	0. 16
	教育资金投入（14 岁）	0. 35
	家庭教育资金投入（14 岁）	0. 35

表5-3(续)

潜变量	原始指标	S
认知能力（14 岁）（C_{14}）	访员智力评分（14 岁）	0.24
	字词测试得分（14 岁）	0.39
	数学测试得分（14 岁）	1.00
	记忆力测试得分（14 岁）	0.08
	数列测试得分（14 岁）	0.22
家庭时间投入（14 岁）（TI_{14}）	家庭成员辅导作业时间（14 岁）	0.49
	家庭成员陪伴时间主成分 1（14 岁）	0.12
	家庭成员陪伴时间主成分 2（14 岁）	0.28
初始禀赋（IA）	开始走路的月龄	0.31
	开始说话的月龄	0.06
	开始数数的月龄	0.53
	开始独立小便的月龄	0.24
父母认知能力（PC）	访员对父母的智力评分	0.32
	父母字词测试得分	0.79
	父母数学测试得分	0.77
	父母记忆力测试得分	0.23
	父母数列测试得分	0.27
	父亲受教育年限	0.32
	母亲受教育年限	0.44
公共教育资金投入（PE）	教育经费总投入	1.00
	小学生均学校支出	0.53
	初中生均学校支出	0.71
	高中生均学校支出	0.50

注：本表反映了潜变量与原始数据指标的对应关系，以及估计出式（5-9）的参数后，根据式（5-10）测算的信噪比。

表 5-4 显示了潜变量分布的参数估计，对应式（5-8）中的参数 μ_A 、μ_B 、Ω_A 和 Ω_B 。总体而言，除初始禀赋 IA 的均值不显著以外，其余参数均在 1%的水平上显著，说明本书总体实现了对于潜变量的混合联合正态分

布的有效估计。

表 5-4　潜变量分布参数估计值

变量名	μ_A	μ_B	Ω_A	Ω_B
RI_{10}	0. 17*** (0. 041)	−0. 25*** (0. 065)	0. 20*** (0. 033)	0. 31*** (0. 126)
C_{10}	−0. 06*** (0. 017)	0. 09*** (0. 027)	0. 26*** (0. 039)	0. 33*** (0. 050)
TI_{10}	0. 00*** (0. 024)	0. 00*** (0. 035)	0. 47*** (0. 038)	0. 42*** (0. 050)
RI_{12}	−0. 06*** (0. 039)	0. 30*** (0. 039)	0. 28*** (0. 034)	0. 20*** (0. 031)
C_{12}	0. 22*** (0. 027)	0. 41*** (0. 033)	0. 27*** (0. 036)	0. 20*** (0. 032)
TI_{12}	−0. 26*** (0. 033)	−0. 21*** (0. 031)	0. 37*** (0. 034)	0. 37*** (0. 033)
RI_{14}	0. 41*** (0. 090)	0. 08*** (0. 039)	0. 08*** (0. 037)	0. 25*** (0. 095)
C_{14}	0. 50*** (0. 041)	0. 54*** (0. 068)	0. 22*** (0. 048)	0. 35** (0. 156)
TI_{14}	−0. 75*** (0. 200)	−0. 77*** (0. 207)	0. 46*** (0. 164)	0. 52*** (0. 110)
IA	−0. 02 (0. 012)	0. 03 (0. 017)	0. 28*** (0. 098))	0. 36*** (0. 080)
PC	−0. 02** (0. 010)	0. 03** (0. 014)	0. 29*** (0. 024)	0. 34*** (0. 025)
PE	−0. 12*** (0. 025)	0. 17*** (0. 029)	0. 73*** (0. 060)	1. 56*** (0. 124)

注：表中的系数为根据式（5-9）估计的参数，括号内为标准误，**、*** 分别代表在 5%和 1%的水平上显著。

基于上述潜变量分布参数的估计结果，当前 F_θ 为来源于微观数据的已知信息。我们从 F_θ 进行随机抽样，得到用于估计人力资本动态积累函数的数据。为了更直观地查看城乡潜变量的差异，以及与前述的原始指标趋势进行验证，图 5-4 展示了城乡人力资本水平及差异情况。与图 5-1 展示的原始指标相一致，城市样本的人力资本水平在样本年龄段内均高于农村儿童，并且这一差距在 12~13 岁年龄段有所缩小，之后进一步扩大。这一结果表明潜变量模型实现了对现实数据特征的良好刻画。

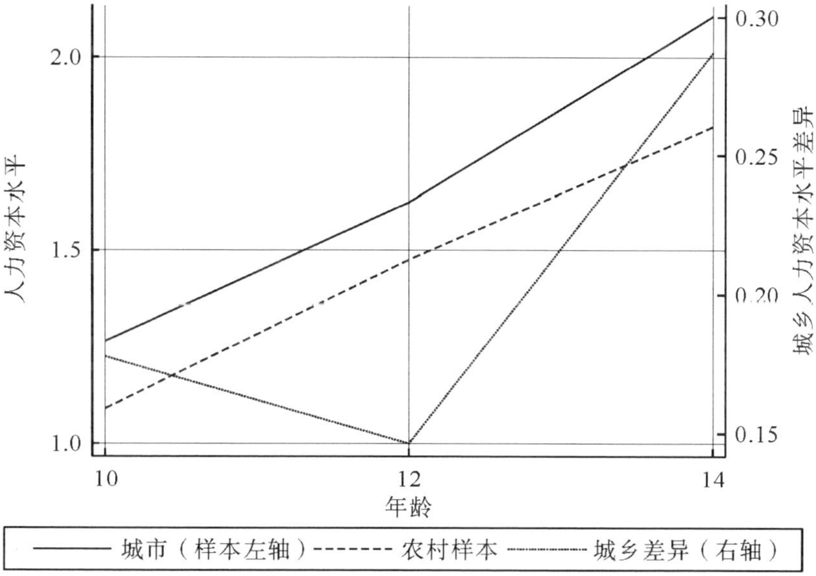

图 5-4 城乡人力资本水平及差异

（注：根据从潜变量分布中抽样得到的样本绘制）

5.3.2 家庭对子女教育投入决策

表 5-5 显示了式（5-6）的回归结果，其中前三列为资金投入变量对应的结果，后三列为时间投入变量对应的结果。

最低工资 MW 与价格指数 P 是本书用于克服家庭投入变量内生性的工具变量。一方面，最低工资与价格指数会影响父母的劳动供给，从而影响家庭的预算约束，最后作用于家庭对子女教育的资金与时间投入，因此从理论上满足工具变量与内生变量相关的要求。另一方面，最低工资水平由地方政府制定，价格指数由市场均衡决定，二者均不受个体家庭的影响，因此满足工具变量的外生性假定。Del Boca 等（2014）对家庭的教育投入决策进行了详细的建模与估计，以刻画上述理论机制。表 5-5 前四行显示了最低工资 MW 与价格指数 P 的系数与标准误。根据结果，有如下发现：①当最低工资提升时，家庭对子女教育的资金与时间投入均显著提升。原因在于，最低工资的提升意味着工资率的上涨，发挥了收入效应。当父母面对工资率上涨时，适当调整了劳动供给决策，在减少劳动时间的同时实现了收入的增长，因此体现为对子女教育资金和时间投入的增加。②当价格指数提升时，家庭对子女教育的资金投入相应提升、时间投入降低，体现了价格效应。当父母面对价格上涨、实际购买力降低时，采取了增加劳动供给时间以提升家庭收入的策略，因此对子女教育的时间投入降低，资金投入也随着名义价格的提升而增加。③除最低工资对家庭教育时间投入的影响不显著以外，其余系数均在1%的水平上显著。此外，所有回归的 F 值均超过10，表明不存在弱工具变量问题。

接下来我们通过其余变量的回归结果，来考察这些解释变量与家庭教育投入的相关性，一定程度上探究家庭教育投入决策机制。滞后期的人力资本水平回归系数反映了家庭对人力资本动态积累过程的认知。总体来看，在教育资金投入方程中，人力资本存量 C_{t-1} 的回归系数显著为正，表明子女的人力资本存量越高，将会获得越多的教育资金投入；在教育时间投入方程中，人力资本存量 C_{t-1} 的回归系数在10~11岁时为正，12~13岁时为负。这一结果反映了，父母认为教育资金的边际产出与人力资本存量呈现正相关。教育时间投入上，10~11岁与12~13岁的估计系数差异可能是源于子女就读阶段的差异。进入初中阶段就读的子女有更高的住校概率和自我照顾能力，因此家庭的时间投入模式发生改变。PC代表父母的人力资本水平。与直觉一致，父母的人力资本水平越高，家庭对子女教育的资金投入与时间投入水平均显著更高。查看不同年龄段回归系数的变化，可以发现更早的年龄段的回归系数绝对值更大，意味着在生命周期早期父母的人力资本水平对家庭教育投入的影响更大。进一步探讨其中的作用机制，可能有以下两方面。一方面，人力资本水平越高的父母，可能更了解和重视人力资本积累，对教育的投入相应更大；另一方面，父母的人力资本水平越高，可以获得教育回报，一定程度上体现了家庭生命周期收入水平更高，家庭的教育投入水平相应越高。

相较于男孩，女孩获得的教育资金投入更多，教育时间投入更少。这一现象可能是女孩被留守的概率比男孩更高，因此获得的父母时间投入少，父母外出务工收入更高从而可以增加对留守子女教育的资金投入。初始禀赋IA的回归系数总体显著为正，代表父母对于初始禀赋更高的子女的教育投入回报预期更高，因此会增加对其教育投入。与预期一致的是，家庭中未成年子女数量越多，子女获得的家庭教育资金与时间投入均更少，主要是因为在总资源不变的情况下，分母的增加会减少每一个子女获得的资源。根据出生排序变量 BO 的回归系数可以发现，更年幼的子女在 10~11 岁时获得的教育资源投入更多，12~15 岁获得的教育资源投入更少，体现出家庭对子女教育资源分配的生命周期特征。

此外，需要注意的是，公共教育资源投入 PE 对教育资金与时间投入的影响均为正，即公共教育资源越丰裕的地区，家庭对于子女的教育投入反而更高。究其原因，在于父母对人力资本动态积累函数中公共教育投入与家庭教育投入关系的认知与判断。当父母认为二者为互补关系时，意味着公共教育投入的增加相应地会提升家庭教育投入；当父母认为二者为替代关系时，意味着父母在面对公共教育投入的增加时会减少家庭教育投入。根据回归结果可以判断，父母预期公共教育与家庭教育投入二者存在互补关系。在后文估计人力资本动态积累更函数时，可以通过参数 ρ 的估计结果，进一步确定二者为替代还是互补。

表 5-5　家庭教育投入的回归结果

变量	(1)	(2)	(3)	(4)	(5)	(6)
	资金投入			时间投入		
	10~11 岁	12~13 岁	14~15 岁	10~11 岁	12~13 岁	14~15 岁
MW	0.082 2***	0.115***	0.075 3***	0.029 3***	0.002 66***	0.000 360
	(0.001 24)	(0.001 63)	(0.001 16)	(0.001 17)	(0.000 739)	(0.000 498)
P	0.009 72***	0.008 84***	0.026 4***	-0.012 9***	-0.008 42***	-0.012 1***
	(0.000 534)	(0.000 558)	(0.000 633)	(0.000 732)	(0.000 537)	(0.000 441)
c_{t-1}		0.533***	0.029 6***		0.052 9***	-0.026 0***
		(0.002 95)	(0.001 63)		(0.002 80)	(0.001 78)
PC	0.349***	0.069 7***	0.323***	0.556***	0.271***	0.152***
	(0.002 70)	(0.003 02)	(0.002 61)	(0.004 54)	(0.003 26)	(0.002 47)
G	0.003 24***	-0.008 06***	0.004 19***	-0.015 9***	-0.004 71***	-0.005 62***
	(0.000 491)	(0.000 422)	(0.000 471)	(0.000 746)	(0.000 556)	(0.000 411)
IA	0.047 5***	-0.064 2***	0.013 8***	0.076 3***	0.081 7***	0.051 1***
	(0.001 87)	(0.001 68)	(0.001 69)	(0.002 97)	(0.002 10)	(0.001 64)
CN	-0.002 43***	0.000 709*	-0.004 08***	-0.009 57***	-0.014 9***	-0.010 9***
	(0.000 399)	(0.000 401)	(0.000 347)	(0.000 689)	(0.000 531)	(0.000 406)
BO	0.008 13***	-0.004 57***	-0.001 02***	0.006 85***	-0.001 16***	-0.001 66***
	(0.000 410)	(0.000 388)	(0.000 298)	(0.000 665)	(0.000 425)	(0.000 325)
RU	-0.018 9***	0.001 74***	-0.006 02***	-0.016 1***	-0.006 69***	-0.007 39***
	(0.000 551)	(0.000 375)	(0.000 385)	(0.000 682)	(0.000 456)	(0.000 402)

表5-5(续)

变量	(1)	(2)	(3)	(4)	(5)	(6)
	资金投入			时间投入		
	10~11岁	12~13岁	14~15岁	10~11岁	12~13岁	14~15岁
MR	-0.002 42***	0.012 0***	-0.001 28***	-0.001 25***	-0.000 164	-0.001 09***
	(0.000 367)	(0.000 618)	(0.000 312)	(0.000 363)	(0.000 253)	(0.000 241)
f_age	-0.008 56***	-0.006 82***	-1.11e-06	-0.006 97***	-0.009 00***	-0.004 49***
	(0.000 695)	(0.000 626)	(0.000 635)	(0.000 906)	(0.000 682)	(0.000 539)
m_age	0.012 9***	-0.001 18*	0.011 3***	-0.014 9***	0.000 233	-0.006 69***
	(0.000 701)	(0.000 611)	(0.000 629)	(0.000 951)	(0.000 693)	(0.000 537)
PE	0.007 50***	0.013 4***	-0.005 40***	0.020 8***	0.005 83***	0.005 31***
	(0.000 815)	(0.001 31)	(0.000 712)	(0.001 95)	(0.000 852)	(0.000 711)
Constant	0.533***	0.402***	0.827***	0.540***	0.531***	0.474***
	(0.004 22)	(0.003 99)	(0.003 77)	(0.006 62)	(0.004 41)	(0.003 48)
Observations	243 400	243 400	243 400	243 400	243 400	243 400
R-squared	0.350	0.553	0.349	0.258	0.178	0.087

注：括号内为稳健标准误，*、*** 分别代表在0.1、0.01水平上显著。

5.3.3 人力资本动态积累函数

表5-6显示了基于式（5-5），采用控制函数与最小距离法估计的人力资本动态积累函数中的参数。其中，奇数列是直接采用最小距离法估计的CES非线性人力资本动态积累函数，偶数列是考虑了家庭对子女教育的资金和时间投入内生性情况、采用控制函数与最小距离法估计的参数。如前所述，我们采用最低工资与价格指数作为家庭教育投入的工具变量，来克服内生性带来的估计偏误问题。具体体现为，在偶数列中控制了前述家庭教育投入回归中的残差项 $\hat{\nu}_{1t}$ 和 $\hat{\nu}_{2t}$ ，对应的系数估计值在最后两行显示。首先，最后两行的参数估计值为负，体现的是父母面对人力资本积累冲击时对子女教育投资的补偿性行为。当父母观察到负向的人力资本积累冲击时，会相应地提升家庭对子女教育的投入，从而弥补负向冲击的不利影响。其次，比较奇数和偶数列的回归结果可以发现，控制函数估计结果中系数的显著性得到了改善，但从系数绝对值的变化来看，没有发现统一变化的规律。这一现象主要是非线性方程中，测量误差等来源的内生性引致参数估计偏误方向无法判断，由此进一步说明了解决非线性方程变量中的测量误差与变量内生性的必要性。

第一行为参数 ρ 的估计值与标准误，$1/(1-\rho_t)$ 衡量了人力资本动态积累函数中各个投入要素之间的替代弹性。当 $\rho_t \to 1$，意味着各投入要素之间为完全替代的关系；当 $\rho_t \to -\infty$，意味着各投入要素完全互补；当 $\rho_t = 0$，意味着积累函数为 C-D 形式，要素之间的替代弹性为 1。根据表 5-6 偶数列的回归结果，10~11 岁年龄段的 ρ 取值为 0.913，12~13 岁年龄段的 ρ 取值为 0.248，14~15 岁年龄段 ρ 的取值与 12~13 岁阶段估计值较为一致。数据对 10 岁及以上的人群才进行能力测试，我们无法观察到样本 10 岁以前的能力水平，在 10~11 岁年龄段的估计中无法包含滞后期人力资本水平 C_{t-1}，因此当前两列估计结果与之后列存在较大差异时，我们倾向于以后几列的估计结果为准。因此，尽管 14~15 岁阶段 ρ 的估计结果不显著，本书倾向于相信 12~13 岁控制函数方法估计出的参数取值：$\rho = 0.248$。相应地，人力资本动态积累函数中的各投入要素的替代弹性取值约为 1.33，表明各要素之间为互补的关系（刘文杰 等，2022）。因此，当公共教育财政投入增加时，家庭的最优策略为增加家庭教育投入，从而达到更高的人力资本积累水平。这一估计结果与表 5-5 中家庭教育投入决策的回归结果相一致。当公共教育财政投入增加时，家庭对子女教育的资金和时间投入均相应增加，体现出家庭对于子女人力资本积累生产函数的判断具有准确性。C_{t-1} 的系数体现的是人力资本动态积累过程中的持续性，即早期人力资本存量可能会持续影响生命周期的人力资本积累状况。需要说明的是，CFPS 数据未对 10 周岁以下人群进行能力测试，因此第（1）列、第（2）列中 C_{t-1} 的系数缺失。根据后四列的估计结果，C_{t-1} 的系数显著为正，验证了人力资本积累的持续性特征，由此也进一步说明了早期人力资本积累的重要性，因为早期人力资本积累会对生命周期的人力资本水平产生长期持续的影响。并且，比较 12~13 岁与 14~15 岁两个阶段，12~13 岁时 C_{t-1} 的系数绝对值更大，表明人力资本积累的持续性随着年龄增长而减小，符合直觉。在家庭教育资金投入 RI 和时间投入 TI 方面，二者的估计系数呈现出差异。家庭教育资金投入在 10~11 岁、14~15 岁年龄段的人力资本积累函数中存在显著的影响，且影响系数随着年龄的增长有所提升。而教育时间投入的估计系数尽管均为正，但只在 12~13 岁年龄段显著。这一差异可能是源于义务教育阶段学龄的原因，12~13 岁正好是子女小升初的过渡阶段，在这一阶段父母的时间投入相对重要。

IA 为子女的初始禀赋，在 10~13 岁年龄段对于子女人力资本积累存在显著的正向影响，在14~15岁年龄段的估计系数则不显著。PC是父母的人力资本水平，在三个年龄段均对人力资本积累发挥显著的正向促进作用。究其影响机制，一方面，人力资本水平更高的父母可能更重视知识与人力资本，从而潜移默化影响子女的人力资本积累；另一方面，人力资本水平会带来技能溢价，人力资本水平高一定程度上代表着家庭的可持续性收入高，为人力资本积累提供资源。遗憾的是，教育财政经费数据只有2013年一年可得，变异性不足，导致回归结果不显著。但参数估计系数方向和趋势均符合直觉，对人力资本积累发挥着正向促进作用，且影响力度随年龄增长而增加。其余变量为人力资本积累函数中的全要素生产率 A_t 中的要素，在此不再赘述。

表5-6 人力资本动态积累函数参数的估计结果

参数	(1)	(2)	(3)	(4)	(5)	(6)
	10~11岁		12~13岁		14~15岁	
	非线性	控制函数	非线性	控制函数	非线性	控制函数
ρ	0.876** (0.362)	0.913** (0.372)	0.150 (0.091)	0.248** (0.104)	0.155 (0.272)	0.233 (0.443)
C_{t-1}			0.427*** (0.065)	0.427*** (0.087)	0.249*** (0.095)	0.205** (0.084)
RI	0.200*** (0.067)	0.202** (0.092)	0.135 (0.038)	0.100* (0.060)	0.322* (0.190)	0.410** (0.172)
TI	0.001 (0.038)	0.107 (0.070)	0.032 (0.091)	0.138** (0.063)	−0.037 (0.140)	0.070 (0.211)
IA	0.135** (0.061)	0.114* (0.064)	0.145 (0.041)	0.120*** (0.044)	0.039 (0.107)	−0.008 (0.097)
PC	0.651*** (0.072)	0.570*** (0.086)	0.208 (0.054)	0.167*** (0.058)	0.336*** (0.090)	0.247** (0.120)
PE	0.013	0.007	0.054	0.049	0.091	0.076
δ_{0t}	−0.046*** (0.016)	−0.055*** (0.019)	0.287 (0.028)	0.305*** (0.027)	0.314*** (0.074)	0.367*** (0.091)
δ_{FA_t}	0.024 (0.024)	0.024 (0.024)	−0.024 (0.021)	−0.022 (0.021)	−0.064** (0.027)	−0.067*** (0.029)
δ_{MA_t}	0.062** (0.023)	0.065** (0.024)	−0.053 (0.019)	−0.053*** (0.019)	0.039 (0.036)	0.033 (0.037)
δ_{MR_t}	−0.012 (0.016)	−0.011 (0.015)	−0.011 (0.023)	−0.008 (0.023)	0.030* (0.017)	0.032** (0.016)
δ_{CN_t}	−0.006 (0.018)	−0.006 (0.018)	−0.011 (0.017)	−0.008 (0.016)	−0.019 (0.035)	−0.026 (0.032)
δ_{BO_t}	−0.026 (0.016)	−0.030** (0.015)	0.056 (0.016)	0.055*** (0.017)	0.017 (0.025)	0.016 (0.025)

表5-6(续)

参数	(1)	(2)	(3)	(4)	(5)	(6)
	10~11 岁		12~13 岁		14~15 岁	
	非线性	控制函数	非线性	控制函数	非线性	控制函数
δ_{G_t}	-0.005 (0.014)	0.000 (0.014)	0.027 (0.012)	0.029** (0.012)	0.026 (0.018)	0.031* (0.018)
δ_{RU_t}	0.063*** (0.018)	0.060*** (0.017)	0.071 (0.017)	0.067*** (0.017)	0.019 (0.027)	0.006 (0.023)
$\hat{\nu}_{1t}$		-0.018 (0.065)		0.024 (0.052)		-0.167 (0.119)
$\hat{\nu}_{1t}$		-0.094** (0.040)		-0.113*** (0.042)		-0.190 (0.171)

注：括号内为标准误，*、**、*** 分别代表在 10%、5%和 1%的水平上显著。

由于人力资本动态积累方程为非线性 CES 形式，为了进一步直观了解人力资本动态积累过程，图 5-5 展示了滞后期人力资本水平、家庭教育资金投入和时间投入的边际产出与滞后期人力资本水平的关系。

图 5-5（a）中，Y 轴为滞后期人力资本边际产出。根据图 5-5（a）可以发现，首先，人力资本积累存在一个“回归”的过程，即人力资本存量较低的子女，其人力资本存量的边际产出更高。当其余投入要素一致的情况下，人力资本存量较低的样本会实现“追赶”。比较 12~13 岁与 14~15岁，可以发现后者的滞后期人力资本水平边际产出更高。似乎这一结论与表 5-6 中的结果存在分歧，但其实是由于人力资本动态积累函数为非线性，各要素之间存在互补性。当考虑到其他要素时，14~15 岁滞后期人力资本边际产出效率更高。

图 5-5（b）中，Y 轴为家庭教育资金的边际产出。图 5-5（c）中，Y 轴为家庭教育时间的边际产出。从区县的总体趋势和走向来看，人力资本存量越高的子女，家庭教育投入的边际产出越高。从这一角度而言，人力资本积累差异存在“自我强化”的趋势。例如，城市儿童早期人力资本水平在平均意义上高于农村儿童，同时城市的公共教育与家庭教育投入水平均高于农村儿童。进一步地，城市教育投入的边际产出高于农村教育投入，使得两个群体的人力资本差异不断扩大。在没有政策干预的情况下，人力资本差异与之后的收入差异会进一步自我强化。比较两个年龄阶段，12~13 岁的家庭教育时间投入边际产出更高，14~15 岁的家庭教育资金投入边际产出更高，与表 5-6 中的结果相一致。

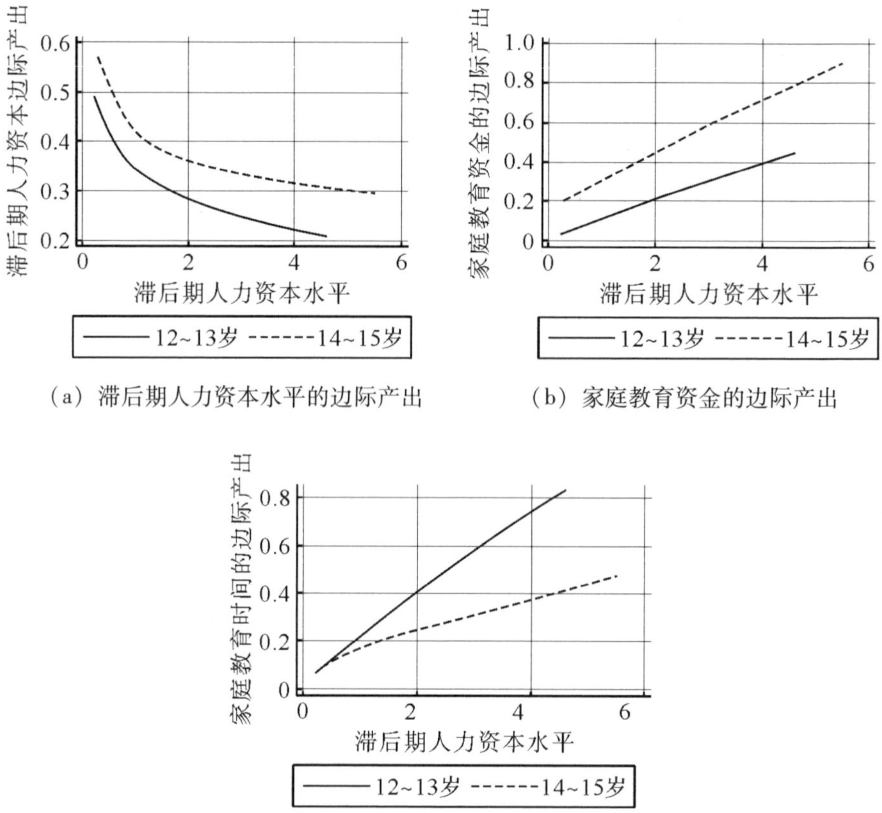

（a）滞后期人力资本水平的边际产出

（b）家庭教育资金的边际产出

（c）家庭教育时间的边际产出

图 5-5　滞后期人力资本、家庭教育资金与时间投入的边际产出

（注：根据表 5-6 中估计的参数数值，结合样本中的城乡儿童数据进行计算）

5.4　反事实分析

根据之前部分所展示的特征事实，CFPS10～15 岁的城乡儿童样本的字词、数学、数列与记忆力测试得分均存在明显的差异，城市儿童平均得分在每一个年龄均高于农村儿童，并且数列测试得分差距甚至呈现随年龄增长而扩大的趋势。根据潜变量模型估计的结果与原始测试得分趋势相一致，城市儿童的人力资本水平在各个年龄段均高于农村儿童，差距在 12～13 岁年龄段有所缩小，之后进一步扩大。

量化并分解上述城乡儿童人力资本水平差距的来源，有着重要的现实意义。首先，城乡儿童人力资本水平差距是同时关系到增长与公平的重要话题。提升农村群体的人力资本积累水平，关系到我国整体人力资本水平，是从长远提升我国劳动力质量、增强我国创新能力和促进我国经济增长的重要途径。从公平角度而言，扫除农村儿童人力资本积累障碍、促进城乡儿童人力资本充分发展和积累、缓解城乡人力资本水平差异，对于破除技能代际传递陷阱、促进人力资本、职业与收入的代际流动性、推动社会流动、增强社会活力、促进社会公平具有不可忽视的作用。

因此，本部分旨在基于前述的人力资本动态积累函数估计，结合现实数据，进行反事实模拟，以探究城乡公共教育财政投入均等化政策如何影响城乡儿童人力资本积累。此外，由于家庭教育投入同样影响人力资本积累过程，同时是家庭的内生选择。我们也对于城乡家庭的资金与时间投入进行了反事实模拟。具体的反事实情形如下：

第一，当10~11岁农村公共教育财政投入与城市相等时，城乡儿童人力资本水平差距如何？

第二，当10~11岁农村家庭教育资金投入与城市相等时，城乡儿童人力资本水平差距如何？

第三，当10~11岁农村家庭教育时间投入与城市相等时，城乡儿童人力资本水平差距如何？

5.4.1　城乡公共教育财政投入均等化

图5-6展示了反事实情形1下儿童人力资本水平、家庭教育资金和时间投入情况。当10~11岁城乡儿童获得的义务教育阶段公共教育财政投入相等时，家庭对子女教育的资金和时间投入如何，城乡儿童人力资本水平差距如何。根据图5-6（b），当10~11岁农村公共教育财政水平提升至城市水平时，农村家庭对子女的资金投入提升，且主要体现在12~13岁这一年龄段。从具体的数字来看，12~13岁城乡家庭教育资金投入差距缩小了27.6%，但时间投入差距仅缩小了4.92%［根据图5-6（c）］。需要说明的是，尽管只改变了10~11岁的公共教育投入，但这一影响是持续的，之后年龄段的家庭投入与人力资本积累状况也相应改变：首先，10~11岁的公共教育投入会影响到家庭的教育投入决策，共同改变了10~11岁的人力资本积累水平。对于12~13岁年龄段，子女10~11岁的人力资本水平是家

庭教育投资决策的影响因素，因此 10~11 岁的公共教育投入进而影响到之后年龄段的家庭教育投入和人力资本积累，体现了影响的“持续性”。根据图 5-6（a），当农村儿童 10~11 岁获得的公共教育投入水平达到城市水平时，10~11 岁的城乡儿童人力资本水平差缩小了 2.2%，12~13 岁差距缩小了 51.7%，14~15 岁差距缩小了 37.3%。总结而言，城乡公共教育投入均等化引致了家庭教育投入的均等化，明显缩小了城乡儿童人力资本差距。

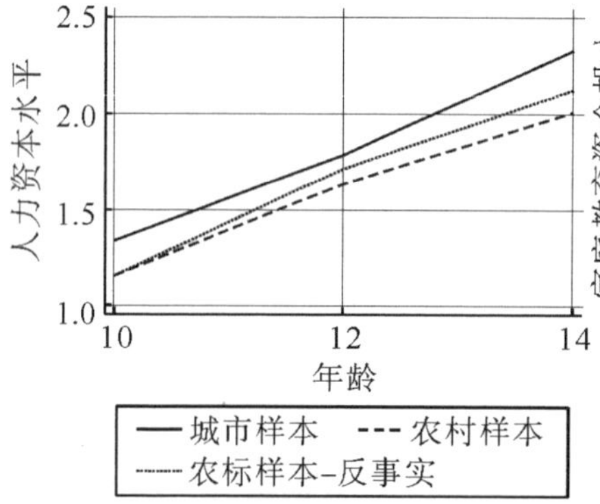

（a）反事实下的人力资本水平

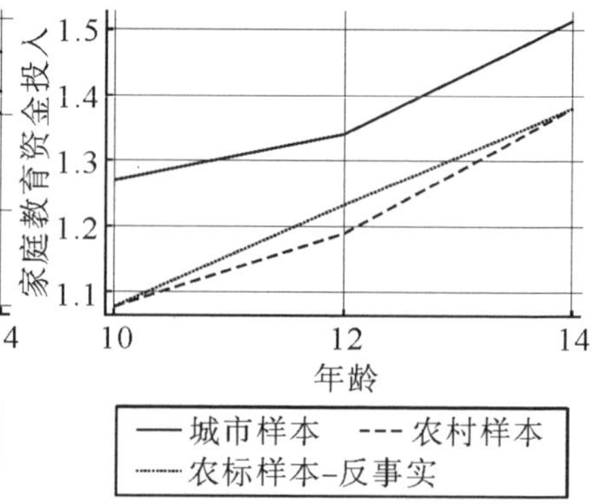

（b）反事实下的家庭教育资金投入

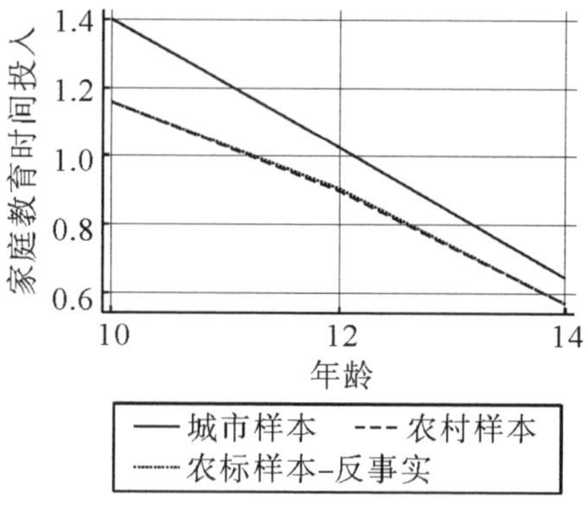

（c）反事实下的家庭教育时间投入

图 5-6　反事实情形 1 下的城乡儿童人力资本与教育投入情况

［注：根据表 5-6 中估计的参数数值，结合样本中的城乡儿童数据进行计算。实线与长虚线代表真实数据中的城市儿童与农村儿童情况，短虚线代表当农村儿童 10~11 岁获取的公共教育资源投入与城镇儿童 10~11 岁获取的数量相同时，农村儿童的人力资本水平（a）、家庭教育资金投入（b）和家庭教育时间投入（c）］

5.4.2 城乡家庭教育资金投入均等化

为了有效消除贫困、长效缩小收入差距，许多国家采取了有条件转移支付（conditional cash transfer，CCT）的政策，例如巴西的家庭津贴计划（Bolsa Familia）、墨西哥的机会计划（Oportunidades）、菲律宾的家庭桥梁计划（Pamilyang Pilipino Program）等。有条件转移支付针对贫困家庭提供定期的现金或其他方式补贴，前提是这些家庭要满足一定的行为条件，通常包含儿童入学、接受免疫、健康检查等，旨在从长期促进儿童的健康与人力资本积累。因此，除城乡公共教育投入均等化以外，本书继续查看城乡家庭教育资金投入均等化的情况，即当农村家庭对10~11岁子女的教育资金投入达到与城市相同的水平，城乡儿童人力资本差距会发生怎么样的变化。

图5-7展示了反事实情形2下的相关情况。图5-7（b）展示的是城乡家庭对子女的教育资金投入均值，反事实情形下农村10~11岁儿童的教育资金投入与城市水平一样，12~13岁的教育资金投入差距缩小了35.5%，13~14岁的教育资金投入差距缩小了4.2%。图5-7（c）反映的是教育时间投入差距情况，仅发生了很小的改变。就图5-7（a）的人力资本差距而言，10~11岁城乡人力资本差距缩小了21.6%，12~13岁差距缩小了47.7%，14~15岁差距缩小了20.19%。上述结果说明在我国实行增强低收入家庭对子女教育资金投入的CCT政策，对于改善人力资本积累差距具有重要作用。

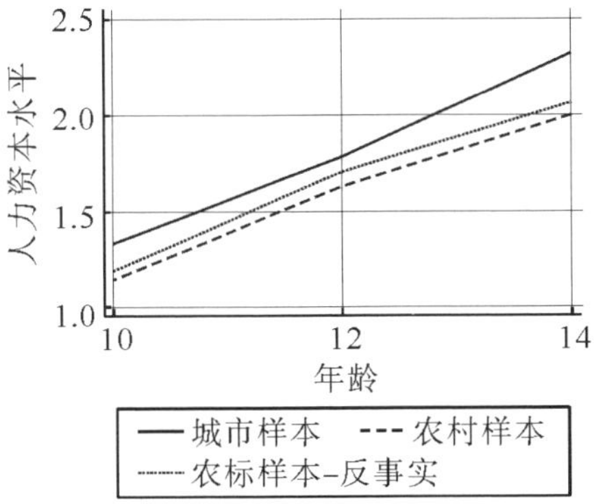

（a）反事实下的人力资本水平

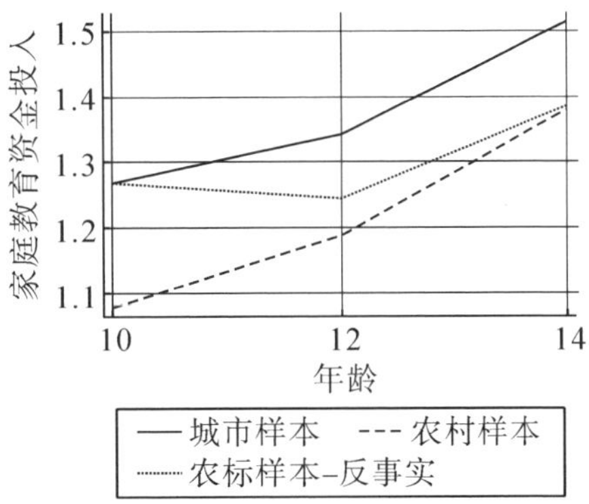

（b）反事实下的家庭教育资金投入

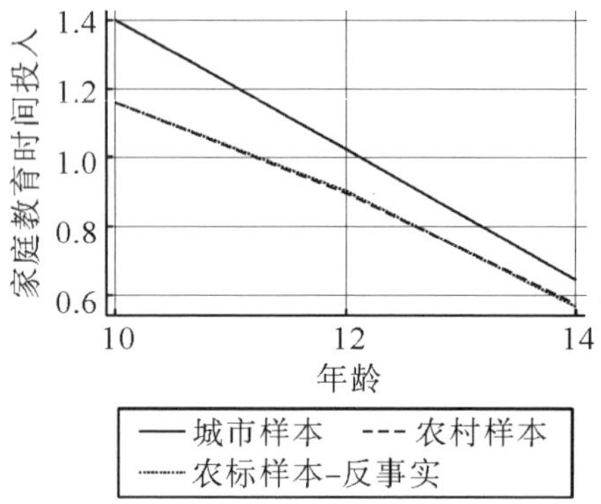

（c）反事实下的家庭教育时间投入

图 5-7　反事实情形 2 下的城乡儿童人力资本与教育投入情况

［注：根据表 5-6 中估计的参数数值，结合样本中的城乡儿童数据进行计算。实线与长虚线代表真实数据中的城市儿童与农村儿童情况，短虚线代表当农村儿童 10~11 岁获取的家庭教育资金投入与城镇儿童 10~11 岁获取的数量相同时，农村儿童的人力资本水平（a）、家庭教育资金投入（b）和家庭教育时间投入（c）］

5.4.3　城乡家庭教育时间投入均等化

接下来，我们查看了反事实情形 3：当农村 10~11 岁儿童获得的家庭教育时间投入与城市儿童相等时，城乡儿童人力资本差距会发生怎样的改变。查看这一反事实情形有多方面的原因：首先，诚如前文所交代，我国农村存在大量与父母长期分离的留守儿童，获得的家庭成员教育、陪伴时间非常有限。当异地入学、户籍迁移等政策发生变化，留守儿童比例会相应调整，城乡家庭教育时间投入差距也会相应发生变化。从这一角度讲，可以通过这一反事实实验查看相应政策对城乡人力资本积累差距的影响。其次，受规范课外辅导班等政策的影响，家庭成员对子女教育时间投入发生了较大的变化，突出了深入了解家庭教育时间投入差距对人力资本积累差异影响的必要性。

图 5-8 展示了反事实情形 3 下城乡儿童人力资本与教育投入情况。根据图 5-8（c）中的家庭教育时间投入，尽管 10~11 岁农村儿童获得的家庭教育投入大幅提升至城市水平，但 12~13 岁时的家庭时间投入差距仅缩小了 3.5%，14~15 岁的差距反而略有扩大。从图 5-8（b）的家庭教育资金投入来看，12~13 岁城乡差距缩小了 30.6%，14~15 岁城乡差距几乎没

有变化。从图 5-8（a）的人力资本水平来看，三个年龄段的城乡差距分别缩小了 14.1%、41.1%和 19.3%。

总结三种反事实情形下的城乡人力资本差距情况，城乡公共教育投入均等化在缩小城乡人力资本积累水平方面的作用最大，其次是家庭教育资金投入均等化。城乡公共教育投入均等化发挥作用的机制之一在于家庭教育资金的投入会随着公共教育投入的增加而增加，从而强化了公共教育投入均等化的影响。

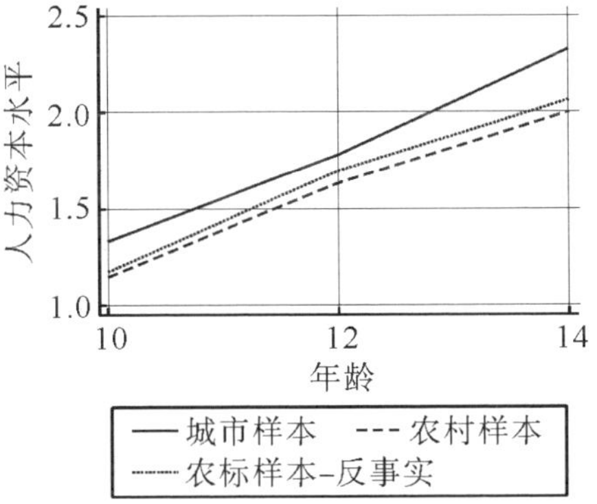

（a）反事实下的人力资本水平

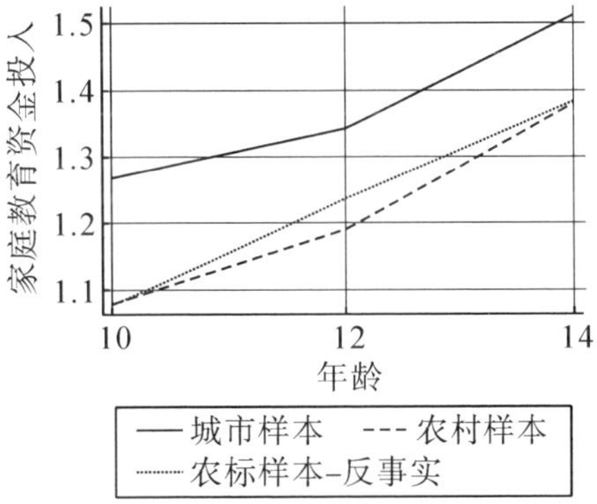

（b）反事实下的家庭教育资金投入

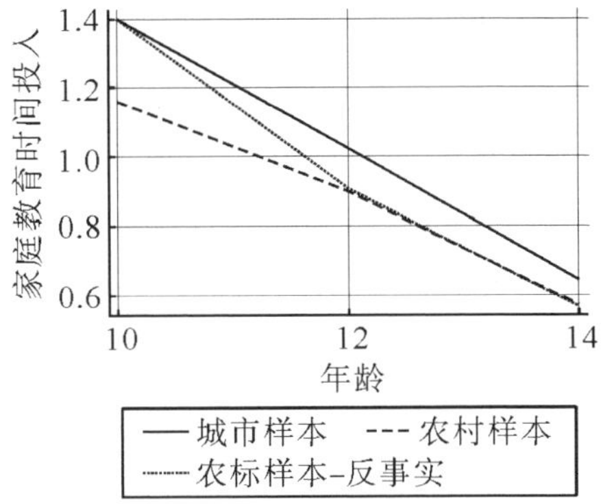

（c）反事实下的家庭教育时间投入

图 5-8　反事实情形 3 下的城乡儿童人力资本与教育投入情况

［注：根据表 5-6 中估计的参数数值，结合样本中的城乡儿童数据进行计算。实线与长虚线代表真实数据中的城市儿童与农村儿童情况，短虚线代表当农村儿童 10~11 岁获取的家庭教育时间投入与城镇儿童 10~11 岁获取的数量相同时，农村儿童的人力资本水平（a）、家庭教育资金投入（b）和家庭教育时间投入（c）］

5.5 人力资本积累水平与劳动力市场表现

本书接下来简要查看人力资本积累水平如何影响劳动者在劳动力市场的初始表现，会基于两个方面的考虑：①人力资本水平本身是抽象的，将人力资本水平与劳动力市场工资收入联系起来有利于更为直观地理解人力资本水平差距及其影响；②结合反事实部分的分析，可以进一步测算各类反事实政策对于城乡居民收入差距的影响，以得到更为直观的政策含义。

我们提取出 CFPS 数据中位于 20~23 岁且已经加入劳动力市场的样本，通过潜变量模型提取其人力资本水平 C_{20} 、工资收入 $\ln inc_{20}$ 等变量。表 5-7中第（1）列显示了劳动者刚进入劳动力市场后的工资性收入回归结果，其中 *Rural* 为“是否属于农村家庭”的虚拟变量，系数衡量了农村劳动者相较于城市劳动者的工资差异。父母人力资本水平 PC 对子女的工资性收入存在显著正向影响，家庭中子女数量越多、出生顺序靠后对于工资性收入存在不利影响，女性的工资性收入低于男性。在控制了上述因素之后，农村劳动者的收入比城市劳动者低 2.1%左右。第（2）列在第（1）列的设定基础上控制了劳动者的人力资本水平 C_{20} 。比较前两列可以发现，当控制了劳动者自身的人力资本水平后，父母的人力资本水平 PC 的影响不再是正向显著，意味着第（1）列中父母人力资本水平对工资的影响主要是通过影响子女自身的人力资本水平实现的。其余控制变量的系数绝对值与显著性均没有发生较大的变化。*Rural* 系数绝对值相较于第（1）列缩小了 33.3%左右，意味着劳动者自身的人力资本水平解释了城乡劳动者工资性收入差距的 33.3%。第（3）列在第（2）列的基础上进一步控制了子女的受教育程度变量 Edu_{20} ，这一变量的系数显著为正，符合直觉：受教育程度带来了工资溢价。同时，城乡劳动者工资差距进一步缩小，人力资本积累水平的系数缩小。这一回归结果表明，学历的确存在“信号”效应，与人力资本水平正相关，因此当控制了受教育程度时，*Rural* 的系数绝对值缩小，人力资本水平的系数绝对值缩小。

此外，表 5-7 还显示了提取的 16 岁与 20 岁人力资本水平 C_{16} 和 C_{20} 的均值。比较二者可以发现，二者的差异极小。这一信息有利于帮助我们进一步理解从 CFPS 数据能力测试提取的人力资本水平含义。具体而言，

CFPS 数据中的字词、数学、数列与记忆力测试衡量的是人的基本认知能力、“通识”能力，而非专业技能。本书基于测试能力数据，采用潜变量模型提取的人力资本水平潜变量，衡量的也是基本认知能力，在 16 岁左右基本形成，因此 16 岁与 20 岁的人力资本水平没有较大的差异。同时，这也解释了为何在第（3）列回归中，人力资本水平与受教育程度对于工资收入均存在正向显著的影响，因为二者的信息虽有重叠部分，但涵盖的能力各有侧重。受教育程度除反映基本认知能力以外，还体现出专业技能水平，因此同样存在工资溢价。

表 5-7　人力资本水平与劳动力市场表现

变量	(1)	(2)	(3)
Rural	-0. 021***	-0. 014***	-0. 009***
	(0. 003)	(0. 003)	(0. 003)
C_{20}		0. 218***	0. 132***
		(0. 008)	(0. 010)
PC	0. 025***	-0. 078***	-0. 078***
	(0. 006)	(0. 007)	(0. 007)
BO	-0. 038***	-0. 040***	-0. 038***
	(0. 004)	(0. 004)	(0. 004)
Siblings	-0. 224***	-0. 214***	-0. 211***
	(0. 004)	(0. 004)	(0. 004)
Female	-0. 172***	-0. 172***	-0. 173***
	(0. 003)	(0. 003)	(0. 003)
Edu_{20}			0. 057***
			(0. 005)
Mean of C_{20}	1. 162		
Mean of C_{16}	1. 127		
Observations	105 660	105 660	105 660
R-squared	0. 101	0. 108	0. 108 9

注：括号内为稳健标准误，*** 代表在 0. 01 水平上显著。

5.6 本章小结

我国实行九年义务制教育，小学和初中学校主要是以国家财政性教育经费为主要来源的公办学校。城乡财政性教育经费的差异，体现为城乡学校在师资力量、硬件设施等方面的质量差异，直观上会引致城乡儿童人力资本积累水平的差距。当城乡儿童成长为劳动者进入劳动力市场后，人力资本水平的差异会体现在劳动力市场报酬上，进一步引起城乡劳动者收入差距，不利于我国乡村振兴与共同富裕的发展目标。此外，除城乡财政性教育经费差异会引致人力资本积累不平等以外，我国存在大量外出务工的农村流动人口，其子女因在流入地受到异地入学门槛的限制而容易成为留守儿童，导致父母缺乏对子女的陪伴，对其成长造成不利影响。这一机制一方面放大了公共教育服务不均等的影响，另一方面也说明了要量化分析包括公共教育服务在内的各种因素对城乡人力资本水平差距的影响，需要将家庭教育投入决策如何受到公共教育服务等因素的影响考虑在内。

本章参照已有文献的做法（Attanasio et al.，2017；Attanasio et al.，2020），结合 2010—2016 年中国家庭追踪调查数据，通过估计人力资本动态积累函数来刻画城乡儿童人力资本动态积累过程，并通过反事实模拟来估计当城乡义务教育公共服务均等时，城乡儿童人力资本积累差距以及劳动者的工资性收入差距的变化情况。为了实现这一目标，本书借助了潜变量模型来构造不同年龄段动态可比的人力资本指标，并分离各变量的测量偏误部分。同时，本书考虑家庭会根据公共教育投入、不可观测的人力资本积累冲击来调整对子女的资金与时间投入，采用地区最低工资和价格指数作为家庭投入的工具变量，利用控制函数法来解决家庭投入的内生性问题。

遵循本章的研究步骤，我们有以下重要的发现。首先，潜变量模型部分的估计结果显示，绝大部分指标都包含了测量误差，这些误差在非线性模型中会引致参数估计偏误且偏误方向不确定。在衡量人力资本水平的各类测试得分指标中，字词与数学测试得分的信噪比最高。与测试分数趋势总体一致，在 10～15 岁年龄段，城市儿童人力资本积累水平始终高于农村儿童，差距值在 12～13 岁阶段有所降低，14～15 岁阶段进一步提高。其次，在家庭教育投入行为方面，本章发现家庭收入与价格指数对于家庭的资金和时间投入作用有所差异，前者会引致资金与时间投入的共同上升，后者则会减少时间投入。另外需要说明的是，当家庭面对公共教育投入的增加，会显著地增加其对子女教育的资金与时间投入，一定程度上揭示了家庭认为人力资本积累函数中公共教育投入与家庭教育投入的互补性。最后，从人力资本动态积累函数的估计结果来看，与家庭的教育投入决策相一致，各投入要素之间存在互补性。人力资本积累是一个动态累积的过程，早期的人力资本积累水平存在持续性的影响，但人力资本积累存在一个“回归”的过程，人力资本存量较低的子女，其人力资本存量的边际产出更高。家庭教育投入则会放大本身的人力资本积累差异，因为人力资本存量越高的子女，家庭教育投入的边际产出越高。

反事实模拟结果显示，当10~11岁城乡儿童获得的义务教育阶段公共教育财政投入相等时，10~11岁的城乡儿童人力资本水平差缩小了2.2%，12~13岁差距缩小了51.7%，14~15岁差距缩小了37.3%。换算成劳动者进入劳动力市场后的工资收入差距，相当于收入差距缩小12.4%。同时，本章还查看了与CCT政策设计相关的反事实情形，当农村10~11岁儿童的家庭教育资金投入与城市水平一样时，10~11岁城乡人力资本差距缩小了21.6%，12~13岁差距缩小了47.7%，14~15岁差距缩小了20.19%。这一结果说明在我国实行增强低收入家庭对子女教育资金投入的CCT政策，对于缩小人力资本积累差距具有重要作用。当农村10~11岁儿童获得的家庭教育时间投入等于城市水平时，三个年龄段的城乡差距分别缩小了14.1%、41.1%和19.3%。

6　义务教育异地入学限制对儿童留守概率的影响

当前我国存在规模庞大的农村留守儿童群体。数据显示，2015 年我国农村户籍儿童中，留守儿童占比高达 30%。留守儿童的受教育状况一方面影响到我国未来人力资本积累与经济增长，另一方面，留守导致的城乡人力资本差距扩大在长期不利于减少城乡收入差距，关系到我国收入分配格局。已有研究大多从定性的角度，对农村留守儿童群体的产生原因进行分析，指出我国农村留守儿童群体的产生与义务教育阶段实行的以户籍为基础的“就近入学”政策密切相关，但几乎没有文献对这一影响进行量化。

在实证上准确估计异地入学门槛对流动人口子女留守的影响，面临三个方面的困难：首先，缺乏统一的指标量化不同地区异地入学的难易程度；其次，流动人口在做出流动决策时可能已经将子女在异地入学的难度考虑在内，这一样本选择问题会造成线性回归估计的偏误；最后，各地出台的异地入学政策会受到当地产业结构，对流动人口需求等因素的影响，这一内生性问题也会导致普通最小二乘回归系数的偏误。

本章针对上述难点提出了针对性的解决方案，并准确估计了异地入学门槛对农村流动人口子女留守的影响。我们首次搜集了 2013—2016 年城市义务教育阶段异地入学的具体政策，将其量化形成入学门槛指数（在上一个部分进行了详细交代），结合卫计委流动人口动态监测数据，采用 Dahl（2002）的方法纠正样本选择偏误，并通过连续双重差分的实证设计来克服入学门槛指标的内生性。实证结果显示：入学门槛指数每单位的提升，会使得流动人口学龄子女的留守概率增加约 2.8%。举例来说，2014 年江西省南昌市入学门槛指数为-0.51，浙江省宁波市的入学门槛指数为 0.52，二者相差约 1 单位。根据测算，异地入学政策差异能解释学龄儿童留守概率区域差异的 9.2%。我们对其中的机制进行了一定的验证：直观而言，流入地入学政策的证件要求多于“三证”，要求提供居住证，以及在流入地的社保缴纳时长，这些被严格执行且相对困难达到的条件，直接限制了流动人口子女在流入地接受义务教育。因此，受到异地入学政策的影响，农村流动人口子女在流入地接受公共义务教育的概率降低，如果要在流入地接受义务教育，只能承受更高的教育成本（缴纳赞助费、进入民办学校）。进一步的分析表明，流入地住房价格强化了入学限制对学龄儿童留守的影响，但“积分制”入学通过更灵活的制度安排降低了住房价格对流动人口学龄子女留守的不利影响。母亲如果拥有高中及以上学历，会显著降低异地入学政策对子女随迁的限制。在子女性别方面，男孩受到的入学门槛的限制总体高于女孩。此外，当流入地的异地入学门槛降低时，独生子女留守概率下降幅度高于多子女家庭的子女。

本章研究内容从以下方面对已有文献进行补充：首先，本书采用双重差分模型，准确估计了异地入学政策对农村流动人口子女留守概率的影响，首次量化了留守现象背后的制度诱因，是对现有留守儿童领域文献的重要补充；其次，本书对异地入学政策在地区与家庭特征方面的异质性影响进行了广泛讨论，为全面理解各地留守比例的差异提供了重要的地区与家庭层面的解释。本章的研究结果表明，解决农村留守儿童问题的根本途径在于通过合理的制度安排，逐渐降低留守儿童比例，将留守儿童转变为流动儿童进而转变为彻底的城市儿童。本书关于异地入学政策对农村留守儿童留守概率的量化分析，为放宽异地入学政策，以推动公共教育资源均等化、逐步降低留守儿童比例提供了现实依据。

本章余下研究结构如下：6.1 交代估计策略和数据描述；6.2 展示基本分析结果；6.3 为异质性分析与机制探讨；6.4 为本章小结。

6.1 估计策略与数据描述

本章结合前述构造的异地入学门槛指数和 2013—2016 年全国流动人口动态监测调查数据（以下简称“监测数据”）研究异地入学难易程度对儿童留守的影响。此外，我们还从相应年份的《中国城市统计年鉴》、CEIC 数据库匹配了城市特征数据。本书的数据处理以子女为观测，根据研究目的对样本进行清理后，所得样本数量为124 782①。所有名义变量均以2005年为基期，采用分省消费价格指数进行了价格平减。

确定留守儿童样本是明确本书研究对象的关键，而留守儿童的定义在学界一直存在争论。本书借鉴吕绍清（2006）、陶然和周敏慧（2012）的做法，采取更为保守的定义，将与父母双方同时分离的儿童定义为留守儿童，并只保留父母均为农村户籍流动人口的家庭样本。图6-1展示了样本中各年龄段、分性别的农村流动人口子女留守比例。总体而言，留守概率随年龄增长而上升，并且增长速度在5岁、11岁之后加快，在15岁时留守比例达到0.58左右。此外，女孩在4岁及之后年龄段的留守比例总体高于男孩，这一差异最大达到0.05。样本总体留守比例为0.405，学龄子女的留守比例为0.438②。

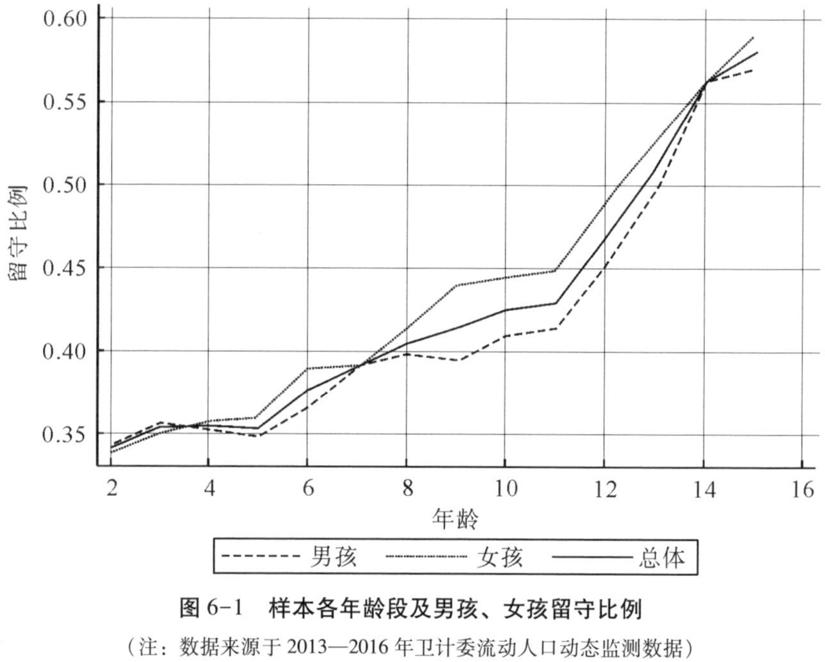

图6-1　样本各年龄段及男孩、女孩留守比例

（注：数据来源于2013—2016年卫计委流动人口动态监测数据）

① 我们保留了子女年龄为2~15岁、父母年龄为20~60岁、父母均持有农村户籍且跨市流动的样本。同时，将样本限制在父母首次流入所在市的时间在10年以内、父母非自愿失业、在流入地不拥有住房且非单亲家庭的样本，以保证样本的可比性。此外，我们还剔除了家庭月收入在200元以下或10万元以上的样本，以及各年份观测量小于70的城市样本。

② 我们采用的是更为保守的留守定义，因而和与父母一方分离即被视为留守的定义方式相比，留守比例数值相对较低。根据教育部《2014年全国教育事业发展情况》，以与父母至少一方分离定义留守，2014年农村流动人口学龄子女留守比例为61%；样本数据中，以与父母双方分离定义留守，2014年农村流动人口学龄子女留守比例为48%。

表 6-1 是本书所使用样本的描述统计。样本范围内农村流动人口子女平均年龄在 7 岁半，6~15 岁样本占 63%，女孩比例为 44%。就父母的受教育程度而言，无论是父亲还是母亲，受教育程度均集中在初中学历，与我国进城务工人员的总体特征一致。从流入城市的特征来看，流入城市的总体经济发展水平较高、人口规模较大且教育资源较丰富。此外，入学门槛的标准差较大，表明样本城市的异地入学政策存在较大差异，为计量模型的参数识别提供了数据基础。

表 6-1　样本描述统计

	变量名	变量含义	样本量	均值	标准差	最小值	最大值
个体、家庭特征	*left_behind*	留守：1；随迁：0	124 782	0.405	0.491	0	1
	school_age	到达法定入学年龄（6 岁）：1	124 782	0.626	0.484	0	1
	female	女孩：1；男孩：0	124 782	0.444	0.500	0	1
	age	小孩年龄	124 782	7.393	3.819	2	15
	age_f	父亲年龄	124 782	35.00	5.638	20	60
	age_m	母亲年龄	124 782	33.05	5.556	20	59
	ln_income	家庭月总收入的对数	124 782	8.496	0.454	5.60	11.29
	num_children	家庭子女个数	124 782	1.743	0.771	1	6
	edu_f：*primary*	父亲文化程度：小学及以下	124 782	0.115	0.319	0	1
	middle	初中	124 782	0.665	0.472	0	1
	high	高中/中专	124 782	0.183	0.387	0	1
	college	大专及以上	124 782	0.037	0.187	0	1
	edu_m：*primary*	母亲文化程度：小学及以下	124 782	0.169	0.375	0	1
	middle	初中	124 782	0.657	0.475	0	1
	high	高中/中专	124 782	0.148	0.355	0	1
	college	大专及以上	124 782	0.026	0.159	0	1

表6-1(续)

	变量名	变量含义	样本量	均值	标准差	最小值	最大值
城市特征	*score*	异地入学门槛指数	281	0.046 5	1.060	-1.240	3.785
	ln_pop	市年末人口数（万人）的对数	281	6.155	0.631	4.545	8.129
	ln_gdp	市人均生产总市值（元）的对数	281	11.27	0.597	9.227	13.06
	ln_numsch	全市小学（所）的对数	281	6.100	0.797	4.025	8.461
	stu_tea	全市小学生师比	281	18.94	2.852	2.059	29.80
	ln_hprice	商品住宅销售价格（元）对数	281	8.710	0.620	7.511	10.45

注：表中个体、家庭变量的统计量，均采用了流动人口监测数据提供的权重进行加权。在将入学门槛指数与监测数据进行匹配后，所得样本涵盖 281 个“城市×年”层面的观测。CMDS 每年调查的城市样本存在略微变动，对数据进行清理和匹配后所得数据覆盖的城市在不同年份上存在差异，我们在后续的回归分析中控制了“城市×年”层面的固定效应，因而这一特征对于实证分析不会造成影响。

要准确估计入学门槛对流动人口学龄子女留守的影响，本书的实证设计需要解决两个方面的内生性问题：一是入学门槛指数本身与当地潜在经济发展水平及劳动力需求相关带来的联立性偏误；二是劳动者区域选择带来的样本选择偏差。在本书的基准回归设定中，我们重点讨论如何消除联立性偏误；在后文的稳健性检验部分，我们进一步解决样本选择偏差。

本书关注的义务教育异地入学门槛这一因素只影响学龄子女，因此在特定城市内部，学龄子女和非学龄子女两个群体留守概率的差异就提供了入学门槛影响流动人口学龄子女留守的基本信息。而上述差异中随子女年龄自然增长的部分，可以进一步通过不同城市间的比较和控制子女年龄来消除。更重要的是，由于学龄子女和非学龄子女的比较是在特定时点、特定城市内部进行，这意味着造成联立性偏误的城市时变异质性不影响本书关键参数的识别。上述思想可以由如下连续双重差分（DID）模型表示：

$$left\_behind_{ict}=\alpha_0+\gamma school\_age_{ict}\times score_{ct}+X_{ict}\beta+\lambda_a+\lambda_c+\lambda_t+\lambda_{ct}+\lambda_p+\varepsilon_{ict} \quad (6-1)$$

其中下标 i 代表子女，c 代表父母当前流入的城市，p 代表户籍所在省份，t 代表受访年份，a 代表子女年龄。*left_behind* 为虚拟变量，当子女留守在户籍地时该变量取值为 1，随迁时取值为 0。*school_age* 是指代子女是否为学龄子女的虚拟变量。根据我国规定，年满 6 岁的儿童需依法接受义务教育，因此当子女年龄在6周岁及以上时该变量取值为1，否则为0。流入地入学门槛指数 *score* 与是否为学龄儿童的交互项系数 γ 是本书的关注系数，衡量了义务教育入学门槛对学龄子女留守概率的影响。λ_a 表示年龄固定效应，控制子女留守概率随年龄变化的规律；λ_c 和 λ_t 分别是城市固定效应以及时间固定效应。

λ_{ct} 是模型中的关键控制变量，表示流入市不可观测的时变特征。该控制变量的引入消除了联立性偏误，保证了 DID 交互项的比较是在“城市×时间”内部进行。λ_p 表示样本户籍所在省份的固定效应。X_{ict} 为一系列控制变量，包括：①子女层面的特征变量：是否为女孩（*female*），是否为少数民族（*minority*）；②父母特征：父母的年龄（*age_f*，*age_m*），父母的受教育程度分类（*edu_f*，*edu_m*）；③家庭层面的变量：家庭月收入的对数（*ln_income*），以及家庭中的孩子数量（*num_children*）；④流入市的相关特征变量：市年末人口的对数（*ln_pop*）、人均 GDP 的对数（*ln_gdp*）、商品住宅销售价格的对数（*ln_hprice*）、小学数量的对数（*ln_numsch*），以及小学生师比（*stu_tea*）。在没有控制 λ_{ct} 时，我们将以上地区层面的变量加入模型中以控制流入市特征的影响。

6.2 基本分析结果

6.2.1 基准结果

表6-2是式（6-1）的回归结果。第（1）列至第（4）列均控制了子女性别与年龄等个体特征、户籍省份固定效应，以及流入市的固定效应。第（2）列至第（4）列相继加入了父母受教育程度、地区经济特征、地区教育资源特征作为控制变量①。第（5）列进一步控制了流动人口流入城市随年份变化的固定效应 λ_{ct}，以控制流入城市不可观测的时变异质性与入学门槛的相关性，保证了入学门槛的外生性。结果显示，在不同的模型设定下，本书关注的 DID 交互项的系数变化很小，回归结果非常稳健。

① 除人均 GDP 变量以外，流入市的地区经济特征与教育资源特征对于子女留守概率没有显著影响。我们认为，一方面是由于这些变量对留守的影响比较间接，另一方面是因为模型控制了地区层面固定效应，在样本时间段只有3年的情况下，地区固定效应在很大程度上涵盖了地区特征变量的影响。

从参数估计结果可以看出，入学门槛指数每单位的提升，会使得流动人口学龄子女的留守概率增加约 2.8%。举例来说，2014 年江西省南昌市入学门槛指数为-0.51，浙江省宁波市的入学门槛指数为 0.52，二者相差约 1 单位。样本范围内，各城市农村流动人口学龄子女留守概率的标准差为 0.32，入学门槛指数的标准差为 1.06。根据我们的估计，异地入学政策差异能解释学龄儿童留守概率区域差异的 9.2%①。

表 6-2　流入地入学门槛对学龄子女留守的回归结果

变量	(1)	(2)	(3)	(4)	(5)
score	0.010	0.010	0.003	0.004	
	(0.023)	(0.024)	(0.026)	(0.026)	
score×school_age	0.028***	0.029***	0.029***	0.029***	0.028***
	(0.007)	(0.007)	(0.007)	(0.007)	(0.007)
父母受教育程度		控制	控制	控制	控制
城市经济特征			控制	控制	
城市教育资源特征				控制	
residential city×year-FE					控制
constant	1.283***	1.235***	4.958***	5.843***	1.257***
	(0.087)	(0.089)	(0.828)	(1.002)	(0.086)
样本量	124 782	124 782	124 782	124 782	124 782
R^2	0.091	0.094	0.094	0.094	0.104

注：均控制了子女性别、民族、父母年龄、家庭子女数量、家庭收入，以及年龄、年份、户籍省、流入市的固定效应。括号内为市级聚类稳健标准误，*** 代表在 1%的水平上显著。

接下来我们结合入学政策中的部分具体要求，来深入探讨入学门槛对流动人口子女留守概率的影响，加深对各地入学政策的理解。同时，从不同具体入学要求出发量化其作用，也有助于表明异地入学门槛造成流动人口子女留守这一现象的稳健性。

从入学需提交的证件来看，有 46%的城市要求流动家庭仅提供户口簿或“三证”：父母的户口簿、暂住证和外来务工证明。这三项证件主要是

① 计算方式：1.06×0.028/0.32=0.092。

考察流动人口在流入地的居住和工作稳定性，获取难度较低。剩下的城市则要求流动人口在“三证”的基础上，额外提供租购房、社保缴纳等方面的证明，增加了异地入学难度。我们将式（6-1）中的 *score* 替换为是否要求“三证”以外的证明（*over3_req*）进行回归。根据表 6-3 的回归结果，对于流入地入学要求超过“三证”的地区，农村流动人口学龄子女的留守概率显著高于其他地区 5%。

在各类证件中，居住证的获取难度总体较高，并且在不同城市间存在较大差异。主要原因在于居住证与地区公共服务供给挂钩①，流动人口占比高、公共服务供需紧张的地区居住证的获取难度相对更高②。我们将流入地是否要求提供居住证（*resid_cer*）引入回归中，考察其对流动人口学龄子女的影响。表 6-3 第（2）列显示，对居住证的要求使流动人口学龄子女留守概率上升了 4.9%。

表 6-3　流入地入学政策证件要求

	(1) 要求是否多于“三证”	(2) 是否要求居住证
over3_req×school_age	0.050***	
	(0.013)	
resid_cer×school_age		0.049***
		(0.013)
样本量	124 782	124 782
R^2	0.104	0.104

注：未展示的控制变量与表 6-2 第（5）列相同，同时控制了子女年龄、年份、户籍市、流入市，以及年份×流入市固定效应。括号内为市级聚类稳健标准误，*** 代表在 1%的水平上显著。

除要求提供的各类证件数量以外，入学政策还包含了与流动时长挂钩的各项要求。我们按照父母双方是否至少一方达到各类时长要求对样本进行分类，引入时长要求与 *school_age* 的交互项进行回归③。表 6-4 显示，工

① 2016 年 1 月 1 日，我国《居住证暂行条例》开始实施，各省相继出台或修订相关居住证实施办法与条例接轨，落实条例规定的居住证持有人在居住地依法享受劳动就业，参加社会保险，缴存、提取和使用住房公积金的权利（张吉鹏、卢冲，2019）。

② 顾海英等（2011）对上海市外来务工人员进行抽样调查，发现只有 22%左右的外来务工人员在读子女在上海就读，其中一个重要原因是居住证的限制。

③ 因为入学政策往往要求父母双方中一方达到要求即可。

作时长和社保时长要求显著提升了未达到这一要求家庭子女的留守概率，对于达到要求的家庭则不存在这一限制。按照居住时长要求的分样本回归结果并不显著，可能的原因在于：一方面，相较于工作时长与社保时长，居住时长的管理与认证较为宽松，难以核实；另一方面，在入学政策的执行过程中，部分城市明确提出严格执行工作时长和社保缴纳时长要求。

表 6-4　流入地入学各类时长要求

	(1)	(2)	(3)	(4)	(5)	(6)
	工作时长要求		社保时长要求		居住时长要求	
	未达到	达到	未达到	达到	未达到	达到
wlength×school_age	0.034*	0.014				
	(0.018)	(0.009)				
slength×school_age			0.047***	0.010		
			(0.017)	(0.007)		
rlength×school_age					0.048	0.010
					(0.030)	(0.017)
样本量	10 915	113 867	7 712	117 070	7 712	117 070
R^2	0.120	0.098	0.118	0.098	0.116	0.098

注：未展示的控制变量与表 6-2 第（5）列相同，同时控制了子女年龄、年份、户籍市、流入市，以及年份×流入市固定效应。括号内为市级聚类稳健标准误，*、*** 分别代表在 10%、1% 的水平上显著。

上述分析表明，各城市的入学政策细则显著影响流动人口学龄子女的留守概率。由于我们利用主成分分析法量化提取的入学门槛指数，有利于提取各项要求中的有效信息，全面衡量异地入学难易程度，本书在之后以 *score* 指标为基准来进行进一步的稳健性与异质性分析。

6.2.2　稳健性检验

双重差分模型的基本假设有两点：一是政策外生，二是政策组与控制组要满足平行发展趋势。如前文所述，地区入学政策不会因子女年龄而存在差异，同时在控制了地区时变特征 λ_{ct} 的情况下，联立性偏误得以消除，因此本书的义务教育入学门槛指标可以认为是外生的。在此情况下，还可能对上述实证结果的可信度造成威胁的是平行趋势假设是否满足。在本书的环境下，需要证明在达到入学年龄以前，流动人口子女的留守概率在年龄上的变动，和所在地区入学的难易程度没有关系。通过在式（6-1）中引入年龄虚拟变量与入学门槛指数的交互项，可以检验平行趋势假定是否满足。回归设定如下：

$$left\_behind_{ict}=\alpha_0+\gamma_a age_{ict}\times score_{ct}+ X_{ict}\beta+\lambda_a+\lambda_c+\lambda_t+\lambda_{ct}+\lambda_p+\varepsilon_{ict} \tag{6-2}$$

其中 age 为 2～15 岁一系列年龄虚拟变量，其余变量设定与式（6-1）一致。图 6-2 展示了根据式（6-2）估计的、以 6 岁样本为基准组的系数 γ_a。结果显示，在 6 岁之前，年龄虚拟变量与入学门槛指数的交互项系数显著小于 0，表明入学门槛指数对学龄前子女留守概率的影响显著小于学龄子女。当子女达到学龄后，入学门槛指数的影响显著提升。但在 6 岁之后，入学限制对 7～15 岁子女留守概率的影响与 6 岁子女没有显著差异。因此可以认为平行趋势假定得以满足。

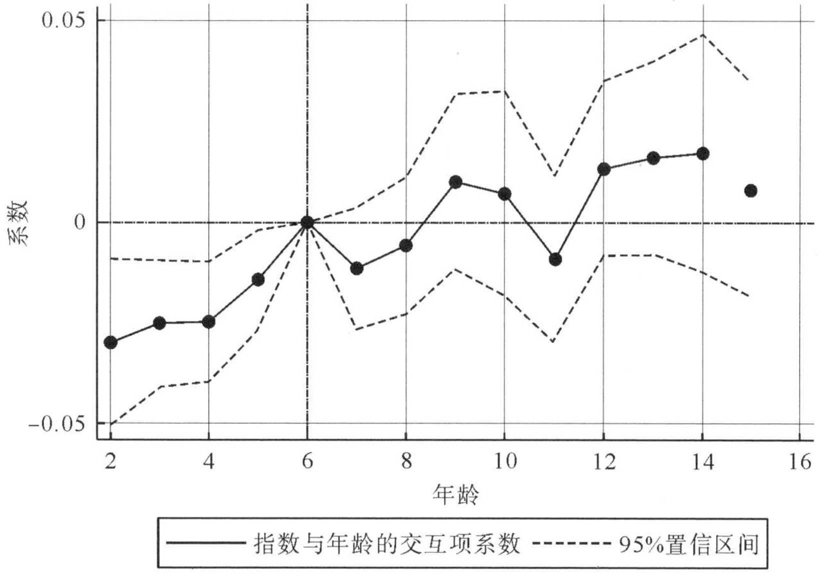

图 6-2　平行趋势检验

［注：数据来源于 2013—2014 年卫计委流动人口动态监测数据，以及前述章节中构造的异地入学门槛指数（SERI）。本图绘制的实线为根据式（6-2）估计的以 6 岁为基准的交互项系数，6 岁对应的系数与 95%置信区间均为 0］

影响本书结论可信度的另一个可能因素是样本选择偏差。当父母预期到流入市的异地入学门槛过高，子女无法接受良好的教育时，可能会改变流动地区。在此情况下，OLS 估计的是内延边界（intensive margin）效应，而忽略了外延边界（extensive margin）的影响，此时估计得到的数值可以认为是入学门槛对学龄儿童留守作用的下界。当克服样本选择偏误之后，我们预期会观察到估计的政策效果绝对值有所提升。我们采用 Dahl（2002）的方法克服该样本选择偏误。

我们基于 2010 年和 2015 年的人口普查微观数据（Census），以及 2013—2016 年卫计委流动人口动态监测数据（CMDS），分别测算 pr_{ict}，查看两种设定下实证结构的差异与稳健性。以 2010 年和 2015 年人口普查微观数据为例，本书将所有农村户籍样本按家庭结构（最小家庭成员年龄在 7 岁以下、7~15 岁、16 岁及以上）、户主受教育程度（是否拥有高中及以上学历）、户主性别、户籍所在地区（华北、东北、华东、华中、西南、西北、华南）分为 84 个特征组（k）。流动概率定义为所有具有相同特征的人群（一个特征组）迁移到某个城市的比例：

$$pr_{ikct} = \frac{N_{ikct}}{N_{ikt}} \tag{6-3}$$

其中，N_{ikt}是 t 时点上，和子女 i 所在家庭户主同属于特征组 k 的农村劳动者总数。N_{ikct}是 t 时点上，特征组为 k 的农村劳动者中流入城市 c 的数量。采用这种非参数方式估计流动概率避免了多项选择模型中的独立无关假定，也避免了在嵌套模型中人为分组，使得参数估计结果更为稳健。对于 2013 年和 2014 年的样本，我们采用 2010 年人口普查微观数据计算的 pr 来纠正样本选择偏误；对于 2015 年和 2016 年的样本，则采用 2015 年人口小普查微观数据。

采用 CMDS 数据构造 pr_{ict} 时，考虑到其关于家庭结构的信息更丰富，在分组方式上略有不同。具体而言，我们将所有农村户籍样本按家庭结构（没有子女、有 7 岁以下子女、有 7~15 岁子女、有 15 岁以上子女）、户主受教育程度（是否拥有高中及以上学历）、户主性别、户籍所在地区（华北、东北、华东、华中、西南、西北、华南）分为 112 个特征组。流动概率被定义为所有具有相同特征的人群（一个特征组）迁移到某个城市的比例。

需要说明的是，基于两个微观数据计算出的 pr_{ict} 含义有一定差异：CMDS 数据只包含流动人口，因此 pr_{ict} 代表相应特征组的流动人口，选择流入地的概率；Census 数据同时包含本地劳动者与流动人口，因此测算出的 pr_{ict} 代表相应特征组的劳动者，选择特定城市的概率。实证结果显示，采用基于两个微观数据测算出的 pr_{ict}，估计出的政策效果几乎没有差异，一定程度上说明了这一非参数估计手段在解决样本选择偏误上的稳健性。

表 6-5 展示了估计的结果。本书关注的交互项系数略高于基准回归结果，概率项系数显著，表明存在一定的样本选择问题。根据上述分析，对子女教育最为重视，即入学门槛政策边际影响较大的人群，会因此而选择流动到入学难度相对较低的城市，以规避或降低入学门槛指数对留守概率的影响。因此在克服样本选择偏误后，交互项系数会有所提高。但总体而言，系数差距较小，表明估计结果非常稳健。在之后的实证分析中，我们均将样本选择偏误（根据人口普查数据计算流动概率）考虑在内，展示修正后的结果。

表 6-5　克服样本选择偏误、改变留守定义和处理组年龄段的回归结果

变量	(1) 克服样本选择偏误（人口普查）	(2) 克服样本选择偏误（CMDS）	(3) 以与父母一方分离定义留守	(4) 处理组年龄段为6~12岁
score × *school_age*	0.029***	0.029***	0.027***	0.028***
	(0.007)	(0.007)	(0.007)	(0.007)
pr	−0.403**	−3.136***	−0.514***	−0.358**
	(0.180)	(0.663)	(0.161)	(0.168)
pr^2	1.169**	66.144***	1.456**	0.961*
	(0.547)	(14.680)	(0.568)	(0.516)
pr^3	−1.082**	−282.985***	−1.315**	−0.882*
	(0.509)	(73.228)	(0.606)	(0.468)
样本量	124 782	124 782	138 675	107 130
R^2	0.104	0.105	0.112	0.092

注：未展示的控制变量与表 6-2 第（5）列相同，同时控制了子女年龄、年份、户籍市、流入市，以及年份×流入市固定效应。括号内为市级聚类稳健标准误，*、**、*** 分别代表在 10%、5%、1%的水平上显著。

由于对留守儿童的定义尚存在争议，我们将与父母当中一方分离的子女也定义为留守儿童进行再估计。表 6-5 第（3）列的估计结果显示，包含父母当中仅一方流动的子女样本使得回归样本总量增加了14 000左右，所估计的入学门槛的影响略低于基准结果。原因在于，如果父母当中仅一方流动，出于照料成本、入学等因素的考虑，子女几乎都会留守在户籍地，因此父母另一方流入地的异地入学政策影响减弱①。

基准回归结果对应的样本为 2~15 岁子女，其中符合法定入学年龄要求的为 6~15 岁样本，涵盖了义务教育阶段的小学及初中。从严格意义上来说，以户籍为主要依据的“就近入学”政策被公办小学普遍采用，但初中通常会通过其他途径招收学区之外的学生，例如特长生入学、特色实验学校（班）入学、缴纳高额择校费等（冯皓、陆铭，2010；胡婉旸 等，2014）。我们将样本限制在 2~12 岁，即排除了年龄在初中阶段的样本，重新估计了式（6-1）。根据表 6-5 第（4）列的结果，本书关心的交互项系数与前两列差异很小，表明估计几乎不受处理组年龄段定义的影响，回归结果稳健。

考虑到样本中存在一定比例的多子女家庭，在上述基准回归中我们以每个儿童为单位，此时多子女家庭对应多个样本，并在计量模型中纳入了家庭子女数量作为控制变量。接下来我们通过以下方式，进一步考察了这一设定对实证结果的影响：①从数据中计算每个样本家庭中子女的性别比（*female_ratio*，所有子女中女性子女所占比例），每个样本在家庭所有子女中的出生排序（*born_order*，最早出生的子女排序为 1），并将这两个变量引入基准回归中作为额外的控制变量；②区别于基准回归，我们仅保留独生子女家庭的样本，此时每一个子女样本唯一对应一户家庭，在这一数据结构基础上考察实证结果。

表 6-6 中设定 1 的实证结果显示，家庭中出生顺序越靠前的子女更容易被留守，这可能与家庭中年幼的子女更需要父母切身的照顾与陪伴有关。当家庭子女中，女孩所占比例越高时，子女被留守的概率越低。此外，需要注意的是，在不同控制变量设定下，关注系数在系数大小和显著性上几乎没有改变，与前述基准结果几乎没有差异，说明本章的实证结论不受家庭结构与相关的数据结构的影响，实证结果稳健。

表 6-6　增加家庭结构变量的稳健性分析

	(1)	(2)	(3)	(4)	(5)
school_age × *score*	0.028***	0.029***	0.029***	0.029***	0.028***
	(0.007)	(0.007)	(0.007)	(0.007)	(0.007)

① 样本数据显示，在父母仅一方流动的家庭，子女留守比例达 93.4%；在父母双方流动的家庭，子女留守比例为 42.5%。

表6-6(续)

	(1)	(2)	(3)	(4)	(5)
born_order	0.049***	0.045***	0.044***	0.045***	0.045***
	(0.005)	(0.005)	(0.005)	(0.005)	(0.005)
female_ratio	-0.020***	-0.017***	-0.017***	-0.017***	-0.017***
	(0.005)	(0.005)	(0.006)	(0.006)	(0.006)
父母受教育程度		控制	控制	控制	控制
城市经济特征			控制	控制	
城市教育资源特征				控制	
residentialcity × *year* - FE					控制
constant	1.290***	1.244***	4.967***	5.855***	1.266***
	(0.086)	(0.090)	(0.811)	(0.991)	(0.086)
样本量	124 782	124 782	124 782	124 782	124 782
R^2	0.092	0.095	0.095	0.096	0.105

注：均控制了子女性别、民族、父母年龄、家庭子女数量、家庭收入，以及年龄、年份、户籍省、流入市的固定效应。括号内为市级聚类稳健标准误，*** 代表在1%的水平上显著。

设定2的结果展示在表6-7中。多子女家庭的家庭决策从直觉上与独生子女家庭的决策存在差异，子女数量一方面可能稀释家庭的可投入总资源，使得单个子女获取的家庭投入减少；另一方面可能存在家庭养育子女的规模效应，多个家庭更有利于减轻家庭对单个子女的养育成本。在子女留守层面，哪方面的因素占据主导，独生子女家庭与多子女家庭的行为差异是否显著，是接下来本章研究旨在探讨的问题。为了考察这一因素对于基准回归结果的影响，本书删除多子女家庭，仅保留独生子女家庭样本进行回归，此时每一个样本均唯一对应一个家庭。相关回归结果在表6-7中显示。将其中的回归结果与前述的基准结果相比可以发现，交互项系数有略微扩大。这与直觉相符合，独生子女家庭的父母对于子女教育可能更为重视，且能够投入较多的资源在子女身上，因此子女留守概率对异地入学门槛的弹性更大。对应到政策直觉来说，当流入地的异地入学门槛降低时，独生子女的留守概率下降幅度大于多子女家庭的子女。

表 6-7　家庭层面的稳健性分析

	(1)	(2)	(3)	(4)	(5)
school_age × *score*	0.036***	0.035***	0.034***	0.034***	0.031***
	(0.009)	(0.009)	(0.008)	(0.008)	(0.008)
父母受教育程度		控制	控制	控制	控制
城市经济特征			控制	控制	
城市教育资源特征				控制	
residentialcity × *year* - FE					控制
constant	1.500***	1.467***	5.180***	5.898***	1.474***
	(0.156)	(0.153)	(1.764)	(1.832)	(0.147)
样本量	65 862	65 862	65 862	65 862	65 862
R^2	0.085	0.088	0.088	0.088	0.097

注：均控制了子女性别、民族、父母年龄、家庭子女数量、家庭收入，以及年龄、年份、户籍省、流入市的固定效应。括号内为市级聚类稳健标准误，*、**、*** 分别代表在 10%、5%、1%的水平上显著。

此外，由于在进行样本清理时，我们对于父母的最高流动年限、父母在流入地的收入进行了异常值的处理，并且本书在之后的异质性分析部分以是否拥有高中及以上学历来定义高低技能劳动者。为了查看这些处理对于本书实证结果的影响，本书做了以下工作：①在原有样本基础之上，限定父母最低流动年限，查看回归结果；②通过网络搜集整理地区最低工资标准数据，按照各地区最低工资标准，剔除低于标准的样本，进行再次回归；③以是否拥有大专及以上学历来定义高低技能劳动者，并引入其三次交互项查看回归结果。相关结果在表 6-8 中显示。与基准结果比较可以发现，在前三列中，我们所关注的交互项系数仅有细微的变化，表明本书的基准结果几乎不受上述数据清理方式的影响。当以是否拥有大专及以上学历定义高低技能时，三次交互项系数不显著，原因在于我国的进城务工人员学历集中在初中，拥有大专及以上学历的人群占比很低，导致三次交互项的变异程度不足。

表 6-8　样本清理规则、受教育程度异质性层面的稳健性分析

	(1)	(2)	(3)	(4)
	流动时间超过12个月	流动时间超过6个月	月收入不低于最低工资标准	是否拥有大专及以上学历
school_age × *score*	0.030***	0.028***	0.027***	0.028***
	(0.006)	(0.007)	(0.007)	(0.007)
college_f × *school_age* × *score*				-0.021
				(0.033)
college_m × *school_age* × *score*				-0.010
				(0.037)
constant	1.146***	1.177***	1.313***	1.274***
	(0.088)	(0.088)	(0.085)	(0.086)
样本量	101 032	110 988	100 924	124 782
R^2	0.102	0.101	0.102	0.105

注：未展示的控制变量与表6-2第（1）列相同，同时控制了子女年龄、年份、户籍市、流入市，以及年份×流入市固定效应。括号内为市级聚类稳健标准误，*** 代表在1%的水平上显著。

6.3　异质性分析与机制探讨

异地入学制度衍生于户籍制度，流动人口的划分依据以户籍身份为基础。我国2014年加快户籍改革使得大部分城市的落户限制门槛降低，部分流动人口得以在流入地落户，其子女也得以摆脱随迁子女身份，转化为本地儿童，突破异地入学门槛的限制①。因此，2014年的户籍改革为我们识别入学限制的影响提供了外生的自然实验。同时，城市间差异化的改革进程，也可能带来异地入学制度影响的差异化。基于此，我们首先借助2014年户籍改革制度，探讨异地入学难度对留守的影响在不同改革类型城市间的异质性。

随后，我们进一步考察了住房价格、教育、生活成本与积分入学等重要城市特征的影响。住房、教育与生活成本是流动家庭迁移决策的重要影响因素，积分入学则是近年来异地入学政策最重要的制度创新。上述异质

① 魏东霞和谌新民（2018）研究发现城市落户门槛显著提高流动人口子女，尤其是学龄阶段子女留守的概率。

性分析能细致展示关键城市特征与入学政策的相互作用，及其对流动人口子女留守的间接影响。

最后，本书分析了家庭层面特征的影响。我们主要关注父母受教育程度和子女性别的影响。这是因为：①对于受教育程度较低的父母，子女是否留守的决策受异地入学限制的影响可能相对较小。当前我国的户籍制度、积分入学制度显示出对高学历流动人口的偏好，也导致这部分家庭子女在诸多方面处于更不利地位。②已有研究证实，在对子女随迁还是留守进行决策时，子女性别是其中一个重要的考虑因素（陶然 等，2011；陶然、周敏慧，2012；李庆海 等，2014）。这部分的讨论是对现有文献研究的呼应。

基于式（6-1），我们将入学门槛指数替换为标识 2014 年户籍改革前后（*hk_reform*）的虚拟变量。考虑到改革的时滞性和入学时间的安排，本书将 2015 年及之后样本的 *hk_reform* 取值为 1，否则为 0。表 6-9 第（1）列显示，在户籍改革后，学龄儿童相对于学龄前儿童的留守概率有所降低。并且根据后两列展示的结果，一、二线城市这一趋势并不明显，原因在于此次户籍改革要求严格控制超大城市的人口规模，城市落户门槛没有降低（张吉鹏、卢冲，2019）。第（4）列至第（5）列分别展示了户改前后入学门槛指数的影响。无论是从关注的二次交互项系数大小还是显著性上，户改之后均有所降低。因此，借助户籍改革这一自然实验，本书侧面验证了义务教育阶段异地入学难度对农村流动人口子女留守概率的影响。

表 6-9　户籍改革与入学限制

	(1)	(2)	(3)	(4)	(5)
	总样本	一、二线城市	其他城市	户籍改革前	户籍改革后
hk_reform×school_age	−0. 024 *	−0. 022	−0. 031 **		
	(0. 014)	(0. 019)	(0. 015)		
score×school_age				0. 029 ***	0. 023 *
				(0. 010)	(0. 012)
样本量	124 782	85 853	38 929	68 246	56 536
R^2	0. 104	0. 106	0. 104	0. 100	0. 115

注：未展示的控制变量与表 6-2 第（1）列相同，同时控制了子女年龄、年份、户籍市、流入市，以及年份×流入市固定效应。括号内为市级聚类稳健标准误，*、**、*** 分别代表在 10%、5%、1%的水平上显著。

我们按照城区常住人口规模进行城市级别的划分①，并引入城市级别虚拟变量的三次交互项。表6-10的第（1）列结果显示，异地入学门槛对一、二线城市流动人口子女留守概率的影响，显著高于其他城市。作为流动人口主要聚集地的一、二线城市，异地入学门槛对农村流动人口子女随迁的限制更大，突出了当前一、二线城市异地入学政策改革的必要性。

造成上述异质性影响的重要因素包括流入地的居住和教育成本。表6-10第（2）列至第（5）列显示，流入地的住房（*ln_hprice*）和教育价格（*e_price*）强化了入学门槛指数对留守的影响，在食物和衣服价格方面则没有体现出显著的异质性。在第（6）列，我们将样本按照收入从低到高分为3组，引入其三次交互项回归发现，异地入学限制对低收入家庭的影响更大，一定程度上验证了流动人口因流入地住房和教育成本较高而选择让子女留守的机制。这意味着，除增加优质教育资源供给以降低教育价格以外，通过公共住房政策来改善流动家庭的居住环境，在减少居住成本的同时，也能间接缓解入学限制对流动人口子女留守的影响。

在流动人口子女义务教育问题上，“积分制入学”被认为是“两为主”政策实施以来，地方政府在平衡教育资源约束与满足教育需求方面最重要的制度创新。流动人口子女根据积分排序由高到低派发学位，地方政府自主设定积分规则②。王毅杰和卢楠（2019）对广州等11个城市2016年的积分入学规则进行了考察，发现除“上海偏好有房者”以外，“杭州有高学历偏好”“珠海、苏州、东莞等有在城市生活的长期性与稳定性偏好”。而在没有实行积分入学的大中城市，例如长沙、泉州等城市的入学政策文件明确规定，拥有房产的家庭子女在学位派发顺序上先于租房家庭子女，即“租住不同权”。这些城市的流动人口能否负担流入地的住房价格购置房产，在很大概率上影响子女学位获得的可能性。因此，积分入学制度的实行，使得地方政府将父母受教育程度等家庭综合因素纳入积分规则，在

① 参考《国务院关于调整城市规模划分标准的通知》（国发〔2014〕51号），我们按照城区常住人口数量将城市划分为一、二线和其他城市（张吉鹏、卢冲，2019）。其中一线城市包含北上广深4个超大型城市，二线城市主要是省会城市、东部地区经济强市或经济发达地区的区域性中心城市。在我们的数据样本中，每年均包含4个一线城市，平均包含23个二线城市。

② 自2010年广东省中山市率先探索流动人口子女“积分制入学”政策以来，广东、福建、浙江等省份的部分城市相继加入“积分制入学”的行列。“积分制入学”之所以得到迅速扩散，主要在于这一制度安排使得地方政府将随迁子女入学纳入有序的管理范围，同时可以通过积分规则的自主设定来实现地方利益的最大化。

一定程度上缓解了住房产权在学位派发中的绝对优势。我们将流入地是否实行积分入学（*point_acc*）、住房价格与是否达到学龄形成三次交互项引入式（6-1）进行回归。表 6-10 第（3）列显示，三次交互项系数显著为负，表明积分制入学通过更灵活的制度安排，缓解了住房价格对流动人口学龄子女留守的不利影响。

表 6-10　流入市特征的异质性分析

	(1)	(2)	(3)	(4)	(5)	(6)	(7)
	城市级别	住房价格	食物价格	衣服价格	教育价格	收入分组	积分入学
1st *city_tier*×*score*×*school_age*	0.037*** (0.014)						
2nd *city_tier*×*score*×*school_age*	0.037*** (0.013)						
ln_hprice×*score*×*school_age*		0.053*** (0.010)					
f_price×*score*×*school_age*			0.001 (0.002)				
c_price×*score*×*school_age*				0.001			(0.002)
e_price×*score*×*school_age*					0.001* (0.001)		
2_{nd} incg×*score*×*school_age*						-0.017** (0.008)	
3_{nd} incg×*score*×*school_age*						-0.020** (0.009)	
ln_hprice×*point_acc*×*school_age*							-0.102*** (0.021)
样本量	124 782	124 782	83 146	83 146	83 146	124 782	124 782
R^2	0.105	0.105	0.109	0.109	0.109	0.106	0.105

注：1. 未展示的控制变量在表 6-2 第（1）列基础上，增加了相应的二次交互项，同时控制了子女年龄、年份、户籍市、流入市，以及年份×流入市固定效应。

2. 食物、衣服、教育价格指数来源于《中国价格统计年鉴》，因为只包含 36 个大中城市，所以第（3）列至第（5）列样本量减少。

3. 括号内为市级聚类稳健标准误，*、**、*** 分别代表在 10%、5%、1%的水平上显著。

本书涉及的机制较为直接：入学门槛增加了子女在流入地入学的成本，无法克服该成本的家庭不得不选择让子女留守。由表 6-4 实证结果可知，在现实中被严格执行的政策要求（如社保和工作时长）的影响更为显著，一定程度上验证了这一机制。

为了进一步查看机制，我们补充了新的数据，以利用 2012 年 CMDS 在流动人口子女在本地入学的“学校性质”“是否缴纳赞助费”的信息（此后年份未对该信息进行询问）①，以深入探讨异地入学限制通过影响子女在流入地的受教育质量、受教育成本，从而影响家庭对子女留守这一机制或动机。首先通过图形的方式，查看了义务教育阶段的随迁、留守子女就读学校的类型（见图 6-3）、缴纳赞助费的情况（见图 6-4），以及缴纳赞助费比例的对应关系、流入地异地入学门槛指数与随迁子女就读公办学校比例（见图 6-5、图 6-6）。然后，通过回归分析在统计上验证上述关系的显著性。

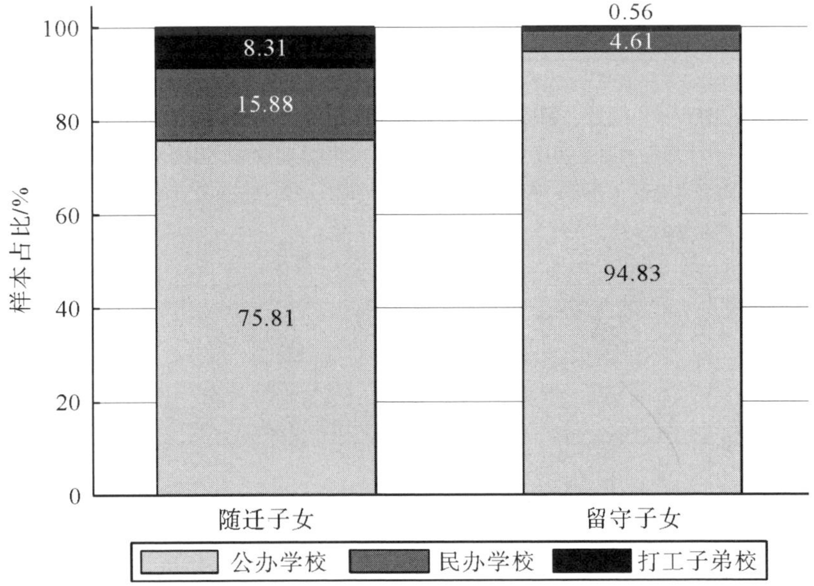

图 6-3　随迁、留守子女就读学校的类型

（注：数据来源于 2012 年卫计委流动人口动态监测数据。随迁子女与留守子女在三类学校就读的比例之和为 100%）

① 此处需要说明的是，之所以使用 2013—2016 年的数据作为分析的基准，主要是因为我们在做政策搜集时发现，2012 年及之前的异地入学政策在网络的公开度不足，可获取信息的城市较少。为了进一步探讨影响机制和留守动机，我们需要借助 2012 年的 CMDS 数据，补充 2012 年的政策信息来做出尽可能的说明。

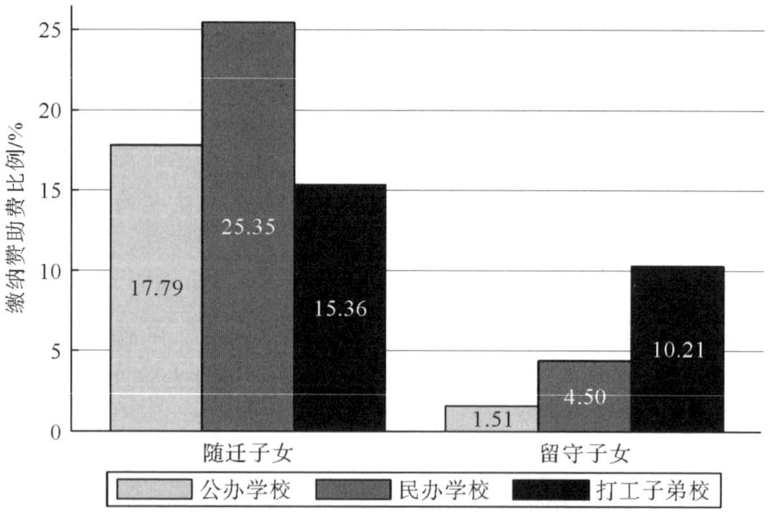

图 6-4　随迁、留守子女缴纳赞助费比例（按就读学校划分）

［注：数据来源于 2012 年卫计委流动人口动态监测数据。需要说明的是，本图各类样本数量（分母）不同，结合图 6-3 可以发现留守子女就读于打工子弟校的比例非常低，符合直觉］

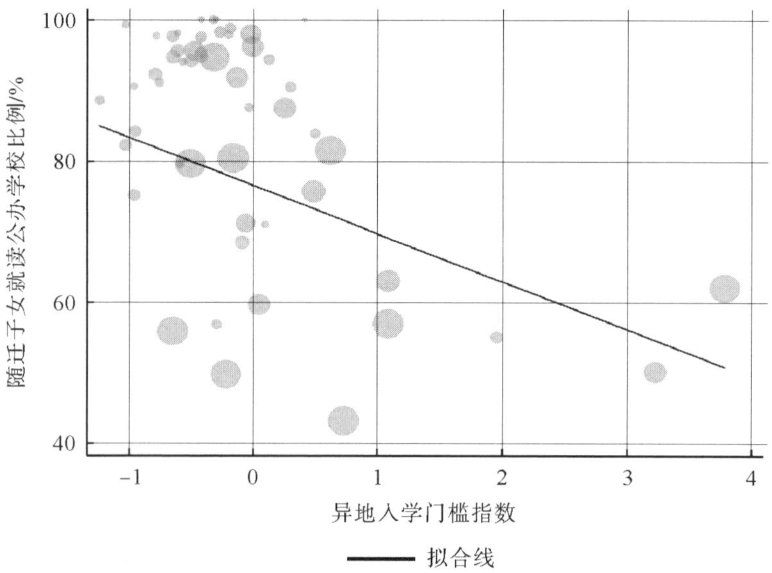

图 6-5　随迁子女就读公办学校比例与异地入学门槛指数

（注：数据来源于 2012 年卫计委流动人口动态监测数据。本图每一个散点代表一个城市，散点大小代表城市的随迁子女数量多少）

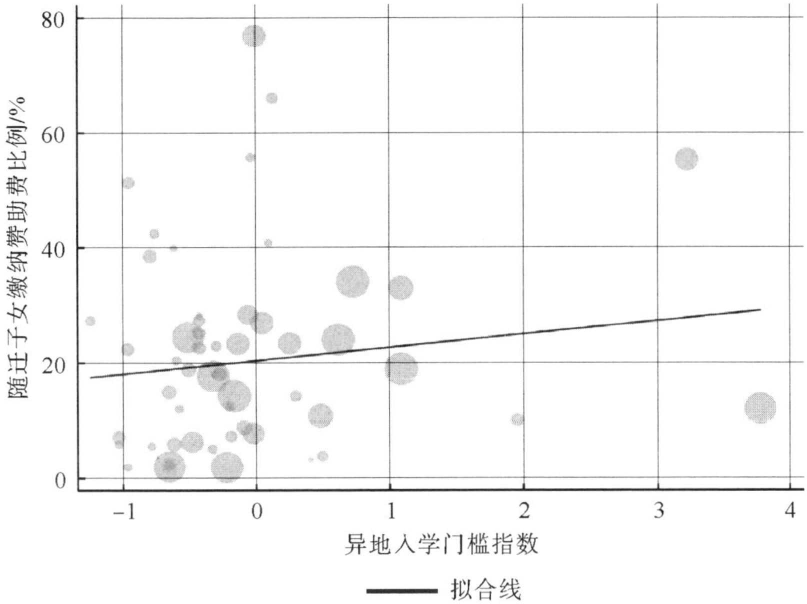

图 6-6 随迁子女缴纳赞助费比例与异地入学门槛指数

（注：数据来源于 2012 年卫计委流动人口动态监测数据。本图每一个散点代表一个城市，散点大小代表城市的随迁子女数量多少）

从图 6-3 至图 6-6 中，我们可以获得以下信息：

第一，对于流动家庭来说，公办学校的教育质量往往高于其所能承担的民办学校、打工子弟校（Chen & Feng，2013；Chen & Feng，2017），图 6-3 反映出相较于留守子女而言，随迁子女更可能进入民办学校、打工子弟学校。同时，图 6-5 显示，流入地义务教育阶段公办学校异地入学门槛越高，随迁子女就读公办学校的比例越低。图 6-3 和图 6-5 相结合的一个直观推测则是：受公办学校异地入学限制的影响，子女如果随迁，则更可能进入民办学校从而影响受教育质量，因此家庭选择将子女留守。

第二，赞助费衡量了子女接受教育的一部分金钱成本。图 6-4 显示，无论学校类型，随迁子女在流入地就学更有可能缴纳赞助费。并且根据图 6-6，流入地公办学校入学门槛指数越高，随迁子女缴纳赞助费的可能性越大。因此，另一个关于留守动机的推测为：公办学校异地入学限制，增加了随迁子女缴纳赞助费的可能性，从而抬高了在流入地接受教育的成本，因此家庭更可能选择将子女留守。

我们利用2012年CMDS微观数据，结合搜集的2012年82个城市的义务教育公办学校异地入学政策，基于式（6-2）进行回归分析，以进一步验证上述机制。其中，我们关注的 *outcome* 有两个：一是衡量受教育质量的“是否进入公办学校”；二是衡量受教育成本的“是否缴纳赞助费”。*cmig* 代表子女是否随迁，其余变量、下标含义与原稿正文一致。此时交互项系数 γ 代表相对于留守子女，流入地入学门槛对随迁子女受教育质量、受教育成本的影响。

$$outcome_{ict} = \lambda_0 + \gamma\, cmig_{ict} \times score_{ct} + X_{ict}\beta + \lambda_a + \lambda_c + \lambda_p + \varepsilon_{ict} \tag{6-4}$$

与图形、预期相一致，当流入地入学难度增加时，相对于留守状态，随迁子女进入公办学校的概率显著降低（见表6-11），缴纳赞助费的概率显著提升（见表6-12），即流入地入学难度显著影响了子女随迁的受教育质量和受教育成本，因此流动人口更可能选择将子女留守。

表6-11　异地入学门槛对进入公办学校的影响

	(1)	(2)	(3)	(4)
cmig × *score*	−0.091***	−0.091***	−0.091***	−0.091***
	(0.009)	(0.009)	(0.009)	(0.009)
父母受教育程度		控制	控制	控制
家庭子女结构			控制	控制
工作与收入				控制
流入市FE	控制	控制	控制	控制
constant	0.958***	0.935***	0.941***	0.808***
	(0.039)	(0.042)	(0.040)	(0.080)
样本量	16 630	16 630	16 630	16 630
R^2	0.143	0.144	0.144	0.145

注：均控制了子女性别、民族、父母年龄、家庭子女数量、家庭收入，以及年龄、户籍省的固定效应。括号内为市级聚类稳健标准误，*** 代表在1%的水平上显著。

表6-12　异地入学门槛对缴纳赞助费的影响

	(1)	(2)	(3)	(4)
cmig × *score*	0.054*	0.054*	0.054*	0.053*
	(0.030)	(0.030)	(0.030)	(0.030)
父母受教育程度		控制	控制	控制

表6-12(续)

	(1)	(2)	(3)	(4)
家庭子女结构			控制	控制
工作与收入				控制
流入市 FE	控制	控制	控制	控制
constant	0.059*	0.050	0.044	-0.053
	(0.030)	(0.033)	(0.032)	(0.076)
样本量	16 630	16 630	16 630	16 630
R^2	0.177	0.177	0.177	0.178

注：均控制了子女性别、民族、父母年龄、家庭子女数量、家庭收入，以及年龄、户籍省的固定效应。括号内为市级聚类稳健标准误，* 代表在 10%的水平上显著。

我们在式（6-2）的基础上，引入父母是否拥有高中及以上学历（*highsch_f*，*highsch_m*）与 DID 项的三次交互项，探讨入学政策在父母受教育程度上的异质性影响。表 6-13 的结果显示，母亲如果拥有高中及以上学历，会显著降低异地入学政策对子女随迁的限制。原因可能在于，母亲在家庭分工中承担了更多家庭事务（Kleven et al.，2019）。受教育程度高的母亲对子女教育更为关心，也具备辅导子女的能力，会更倾向于将子女带在身边而非留守。

表 6-13 的后两列对男孩、女孩样本分别进行回归估计。结果显示，入学门槛对男孩的限制大于女孩。这意味着，当入学门槛降低时，男孩留守比例下降的幅度大于女孩（柯宓、朱钢，2017）。这一现象可能是源于“重男轻女”的性别偏好，家庭更倾向于将男孩带在身边，因此男孩留守概率对入学门槛的弹性更大①。

表 6-13　父母受教育程度与子女性别异质性分析

	(1) 父母受教育程度	(2) 男孩样本	(3) 女孩样本
highsch_f×score×school_age	-0.005		
	(0.013)		

① 结合图 6-1 所绘制的留守比例可以发现，在各个年龄段上，女孩的留守比例几乎均高于男孩，并且这一差异在达到学龄后更大。该实证结果也意味着农村女孩更难以从入学限制降低的改革中获益。因此如何通过政策设计加强对农村留守女孩群体的关注，是当前教育制度改革的一个重要方面。

表6-13(续)

	(1) 父母受教育程度	(2) 男孩样本	(3) 女孩样本
highsch_m×score×school_age	-0.020**		
	(0.010)		
score×school_age		0.031***	0.027***
		(0.008)	(0.008)
样本量	124 782	69 347	55 435
R^2	0.104	0.109	0.105

注：未展示的控制变量在表6-2第（1）列基础上，增加了相应的二次交互项，同时控制了子女年龄、年份、户籍市、流入市，以及年份×流入市固定效应。括号内为市级聚类稳健标准误，**、*** 分别代表在5%、1%的水平上显著。

6.4 本章小结

降低农村留守儿童比例，扭转农村儿童群体弱势地位，既关系到我国人力资本积累与长期经济增长，也关系到城乡收入差距的改善和农村贫困代际传递陷阱的破除。本书首次搜集量化了2013—2016年各城市义务教育阶段的异地入学政策，并结合卫计委流动人口动态监测数据，估计了异地入学难易程度对农村流动人口学龄子女留守概率的影响。本书的研究从制度层面对各地农村流动人口子女留守比例的差异提供了重要的解释。

研究结果表明，义务教育阶段异地入学的困难程度，对流动人口学龄子女的留守概率具有显著正向影响。具体来说，入学门槛指数每单位的提升，会使得流动人口学龄子女的留守概率增加约2.8%；异地入学政策差异能解释学龄儿童留守概率区域差异的9.2%。我们对其中的机制进行了一定的验证：直观而言，流入地入学政策的证件要求多于“三证”，要求提供居住证，以及在流入地的社保缴纳时长，这些被严格执行且相对困难的条件，直接限制了流动人口子女在流入地接受义务教育。因此，受到异地入学政策的影响，农村流动人口子女在流入地接受公共义务教育的概率降低，如果要在流入地接受义务教育，只能承受更高的教育成本（缴纳赞助费、进入民办学校）。进一步的分析表明，流入地住房价格强化了入学限制对学龄儿童留守的影响，但“积分制”入学通过更灵活的制度安排降低了住房价格对流动人口学龄子女留守的不利影响。母亲如果拥有高中及以上学历，会显著降低异地入学政策对子女随迁的限制。在子女性别方面，男孩受到的入学门槛的限制总体高于女孩。此外，当流入地的异地入学门槛降低时，独生子女留守概率下降幅度高于多子女家庭的子女。

本章的研究结论意味着解决农村留守儿童问题的根本途径在于通过合理的制度安排，降低留守比例，逐步将留守儿童转变为流动儿童进而转变为彻底的城市儿童。同时，重点增加一、二线城市优质教育资源供给以降低入学门槛，为低收入家庭提供住房补贴，以及推动包含积分入学在内的教育制度创新。这些措施有利于推动公共教育资源均等化，进而逐步降低留守儿童比例，以长期实现教育公平。

7 取消义务教育异地入学限制的福利效应

回顾本书对我国义务教育公共服务均等化程度的量化分析，可以再次明确以下两个方面的事实：其一，我国城乡间、区域间的教育财政经费投入不均等，城市的义务教育服务水平与质量高于农村，经济越发达的城市公共义务教育资源更丰富；其二，我国义务教育阶段实行以户籍制度为基础的“就近入学”政策，流动人口子女在流入地面临异地入学限制，且流动人口聚集的经济发达城市的异地入学限制更强。第5章估计了人力资本动态积累函数，并通过反事实模拟发现，城乡公共教育服务均等化会使得城乡14~15岁儿童人力资本积累差距缩小37.3%。在第6章，本书从实证上证明了异地入学限制会引发子女留守，异地入学政策差异能解释学龄儿童留守概率区域差异的9.2%。上述事实与论证引发出本章的研究意义与目的，具体阐述如下。

我国有规模庞大的流动人口（见图1-3），与之相伴随的是子女的流动与义务教育问题。根据第5章的研究结论，如果子女能够不受户籍与异地入学门槛的限制，可以在流入地与本地儿童一样平等地接受义务教育，那么其在流入的城市所接受的义务教育公共服务比在农村老家更多，有利于其人力资本的积累和缩小城乡儿童人力资本积累差距。然而，第6章的研究验证了我国异地入学门槛限制了流动人口子女在流入地接受公共义务教育，提升了其留守的概率。一方面，这使得流动人口子女无法通过迁移来获取更高质量的公共教育服务，即“用脚投票”机制受到限制（夏怡然、陆铭，2015），从而限制了人力资本积累的均等化；另一方面，留守导致父母陪伴缺失，从家庭教育投入的角度进一步恶化了农村留守儿童的人力资本积累。既然如此，为何地方政府依然设置异地入学门槛？要实现改革的进一步推进，还需要明确哪些事实？

事实上，由于义务教育经费为“以县为主、省级统筹”，地方政府面临劳动力需求与教育经费供给两方面的权衡。吴贾和张俊森（2020）通过断点设计论证了异地入学门槛会影响家庭的流动决策，从而影响城市的劳动力供给。但简约式回归能够提供的量化分析结论有限，要进一步通过制度的优化设计，来解决地方政府面临的劳动力需求和教育经费供给这一矛盾，需要更深入地分析家庭流动与子女流动和教育决策行为，量化分析家庭对子女义务教育公共服务的支付意愿，异地入学限制引致的福利损失，以此为我国教育财政体制的改革提供依据。

本章主要遵循离散选择相关文献（Roback，1982；Bayer et al.，2009；Berry et al.，2004），刻画家庭的区域选择行为，利用流动人口动态监测微观数据，分两步估计模型中的各项参数，估计流动人口对义务教育公共服务的支付意愿。通过支付意愿，可以较为直观地量化异地入学服务对家庭福利的影响。同时，基于本书的研究目的和数据基础，我们在以下两个方面的设定上区别于已有文献：①在参数的识别上，结合我国的义务教育学龄规则，采取双重差分的设计来识别异地入学门槛对于城市平均效用的影响；②允许家庭对城市特征的异质性偏好，以提升模型对现实情况的拟合度。

本章得到以下研究结论。首先，基准估计结果显示，异地入学限制会降低流入市对于有义务教育学龄子女流动家庭（以下称为“实验组”）的效用水平，他们对于义务教育公共服务的平均支付意愿为年收入的 2.8%~4.3%。以样本中年收入的中位数 46 464 元计算，这一支付意愿取值范围为 1 301~1 998 元。如果取消所有城市的异地入学限制，实验组的福利水平会得到显著提升，其与控制组的福利差距水平会提升 76%左右。并且这一影响主要是由高收入水平城市的异地入学限制取消所推动的，因为这些城市是流动人口集中地，对于流动人口子女的义务教育选择起到主要的影响。

本章余下部分结构如下：7.1 交代数据与特征事实；7.2 介绍本章的家庭区域选择模型；7.3 展示本章的参数估计策略；7.4 展示包括反事实模拟、稳健性与异质性分析在内的估计结果；7.5 是本章小结。

7.1 数据与特征事实

本书采用的微观数据为中国流动人口动态监测数据（CMDS），数据涵盖2013—2015年三年数据，与第6章所使用的微观数据相同。核心指标的构造与描述已经在第4章进行了介绍，此处不再对数据的基本情况进行赘述。

7.1.1 描述统计

本书关注的义务教育异地入学政策，影响义务教育学龄子女在流入地的公共教育服务可得性，因此表7-1展示了两类家庭与总样本的描述统计情况。两类家庭在家庭收入、户主性别、年龄、学历、流动经历、户籍状况和子女数量层面均存在显著的差异。具体来说，没有6岁以下儿童的家庭户主更为年轻，平均而言比有6~15岁儿童的家庭户主年轻5岁，说明流动人口中年轻家庭占比较高，驱动了这一特征。与这一特征相一致的，年轻的户主学历水平相对更高，在流入地的流动时长更短，拥有城市户籍的可能性更大，子女数量相对较少。同时，年轻家庭收入更高，这与年轻家庭受教育程度更高的特征相一致。

描述统计结果中，两类家庭在这些基本特征维度的显著差异也意味着，在识别异地入学门槛对于效用的影响，或者是家庭对于公共教育服务的支付意愿时，需要控制这些家庭特征因素，以获得准确的估计结果。

表7-1 描述统计

	(1)	(2)	(3)	(4)
	没有6岁以下儿童	有6~15岁儿童	差异	总样本
家庭收入的对数	8.794	8.781	-0.014***	8.786
	(0.508)	(0.484)	(0.003)	(0.494)
户主是不是女性	0.444	0.495	0.050***	0.473
	(0.497)	(0.500)	(0.003)	(0.499)
户主年龄/10	2.946	3.510	0.563***	3.273
	(0.408)	(0.433)	(0.003)	(0.506)

表7-1(续)

	(1)	(2)	(3)	(4)
	没有6岁以下儿童	有6~15岁儿童	差异	总样本
户主是否拥有高中及以上学历	0.454	0.272	-0.182***	0.349
	(0.498)	(0.445)	(0.003)	(0.477)
户主在流入地的时长	4.224	5.477	1.253***	4.950
	(2.771)	(3.278)	(0.019)	(3.136)
户主是否拥有城市户籍	0.149	0.097 5	-0.051***	0.119
	(0.356)	(0.297)	(0.002)	(0.324)
子女数量	1.163	1.586	0.423***	1.408
	(0.379)	(0.595)	(0.003)	(0.556)
样本量	63 737	57 590	—	121 327

注：表中统计量为均值，括号内为标准差。*** 代表在1%的水平上显著。

7.1.2　特征事实

我们进行一些简单的回归，来查看异地入学门槛与家庭行为的相关性，以简单考察流入地公共义务教育服务可得性对家庭的可能影响与影响机制。首先，我们将家庭是否为子女缴纳学校赞助费对异地入学门槛指数SERI进行回归。回归样本包含2012年CMDS访问的有6~15岁儿童的流动家庭。只采用2012年的数据是因为其余年份的问卷中不包含这一问题。控制变量包括：儿童性别、儿童是否为少数民族、儿童就读阶段；家庭月收入、户主迁移时间、子女数量、户主年龄、户主受教育程度、户主性别；流入市人均GDP、流入市房价。赞助费与借读费是指跨学区就读的子女家庭需要向学校缴纳以支持学校建设的费用。直觉上，当异地入学门槛越高时，流入地的学校越可能向流动家庭收取赞助费或借读费，流动家庭相较于本地家庭面临更高的教育成本。表7-2验证了这一现象。无论是采用何种主成分分析方式构造指标，是否控制现住省的固定效应，异地入学门槛指数与缴纳赞助费或借读费的概率显著正相关。

表 7-2 是否缴纳赞助费或借读费的回归结果

	Polyc Index		MFPCA Index	
	(1)	(2)	(3)	(4)
SERI	0.090*	0.110**	0.052*	0.062*
	(0.049)	(0.051)	(0.031)	(0.032)
现居住省 FE	No	Yes	No	Yes
户籍所在省 FE	Yes	Yes	Yes	Yes
样本量	9 826	9 826	9 826	9 826
R^2	0.046	0.097	0.045	0.097

注：括号内为聚类到城市层面的稳健标准误。*、** 分别代表在 10%、5%的水平上显著。数据来自 2012 年卫计委流动人口动态监测数据。样本包含 6~15 岁的在校儿童。控制变量包括：儿童性别、儿童是否为少数民族、儿童就读阶段；家庭月收入、户主迁移时间、子女数量、户主年龄、户主受教育程度、户主性别；流入市人均 GDP、流入市房价。其中，Polyc Index 为线性主成分方式构成的指标，MFPCA Index 为非线性主成分方式构成的指标。

表 7-3 反映了两种构造方式的异地入学门槛指标与子女就读学校类型的关系。结果显示，异地入学门槛越高，流动人口子女在流入地接受公共教育服务的可能性越低，在公办学校就读的概率越低，在民办学校或打工子弟学校就读的概率越高。与公办学校相比，流动家庭能负担的民办学校往往质量更低，学费等教育成本更高，性价比远不如公办学校。尤其是专门为解决流动人口子女教育问题而创立的打工子弟学校，在长时间内受到诟病。因此，直觉上判断，异地入学门槛的降低可以提升流动人口子女在流入地加入公办学校，接受更高性价比教育的可能性。

表 7-3 异地入学限制对义务教育阶段就读学校类型的影响

边际概率	Polyc Index	MFPCA Index
	(1)	(2)
子女就读于公办学校	-0.118***	-0.080***
	(0.029)	(0.015)
子女就读于民办学校	0.089**	0.070***
	(0.037)	(0.013)
子女就读于打工子弟学校	0.029*	0.010
	(0.017)	(0.011)
户籍所在省 FE	Yes	Yes

表7-3(续)

边际概率	Polyc Index	MFPCA Index
	(1)	(2)
年份 FE	Yes	Yes
样本量	28 530	28 530

注：本表展示的是 Multinomial Logit 估计的边际概率，括号内为聚类到城市层面的稳健标准误。*、**、*** 分别代表在 10%、5%、1%的水平上显著。数据来自 2012 年和 2013 年卫计委流动人口动态监测数据。样本包含 7~15 岁的在校儿童。控制变量包括：儿童性别、儿童是否为少数民族、儿童就读阶段；家庭月收入、户主迁移时间、子女数量、户主年龄、户主受教育程度、户主性别；流入市人均 GDP、流入市房价。

此外，子女在流入地的公共教育服务可能性，会影响到家庭的区域选择决策（吴贾、张俊森，2020）。当子女无法在流入地接受公共义务教育，或者接受良好教育的成本较高时，家庭可能会选择迁离到异地入学门槛更低的地区。表 7-4 显示了流动人口居住意愿对流入地异地入学门槛的回归结果：流入地的异地入学门槛越高，流动人口在流入地继续居住 5 年及以上的概率越低。这一结果一定程度上证实了公共教育服务均等化对于家庭流动决策存在影响。

表 7-4 异地入学门槛对流动人口在流入地居住意愿的影响

边际概率	Polyc Index	MFPCA Index
	(1)	(2)
将在流入地继续居住 5 年及以上	-0.023*	-0.027**
	(0.014)	(0.011)
将不会在流入地居住超过 5 年	-0.004	-0.003
	(0.006)	(0.003)
不确定	0.027**	0.030***
	(0.013)	(0.010)
户籍所在省 FE	Yes	Yes
年份 FE	Yes	Yes
样本量	103 339	103 339

注：本表展示的是 Multinomial Logit 估计的边际概率，括号内为聚类到城市层面的稳健标准误。*、**、*** 分别代表在 10%、5%、1%的水平上显著。数据来自 2014 年和 2015 年卫计委流动人口动态监测数据。样本包含 6~15 岁的在校儿童。控制变量包括：儿童性别、儿童是否为少数民族、儿童就读阶段；家庭月收入、户主迁移时间、子女数量、户主年龄、户主受教育程度、户主性别；流入市人均 GDP、流入市房价。

7.2 模型

本书主要通过测算支付意愿（willingness to pay, WTP），来直观地量化异地入学服务对家庭的效用与福利水平的影响。因此在模型部分，本书首先介绍这一概念的起源与定义，然后介绍相关模型的发展，以及在本书研究环境下的模型框架。

7.2.1 支付意愿 WTP

本书先介绍源于 Rosen（1974）和 Roback（1982）传统的特征价格模型（hedonic pricing model），以此简要介绍劳动者区域选择模型，从模型中计算支付意愿的思路，以及要准确计算支付意愿需要在其基础上进一步详细刻画家庭选择的原因。

Roback（1982）模型假定所有的家庭是同质的，区域在收入、房价和舒适度（amenity）维度上存在差异，区域之间不存在迁移成本，因此劳动者会迁移到效用水平最高的地区。上述思路可以由以下模型进行简要刻画：

$$\max_{\{C,\ H,\ X_j\}} U(C,\ H;\ X_j,\ M_j) \qquad \text{s.t.}\ \ C + p_j H = I_j \tag{7-1}$$

其中，C 是家庭的可贸易品消费且价格被标准化为 1，H 是家庭的住房消费，p_j 为地区 j 的房价，X_j 为地区 j 的舒适度，I_j 为家庭在地区 j 的收入水平，M_j 为迁移成本（后做详细交代）。家庭通过选择迁移的地区 j 、可贸易品消费 C_j 和住房消费 H 来使得家庭效用最大化。

尽管 Roback（1982）假定不存在迁移成本，但已有研究表明（Bayer et al., 2009）迁移成本对于拟合现实数据和准确估计参数至关重要，因此我们在此简单引入迁移成本 M_j ，并假定迁移成本对于效用存在单调的影响。此处关于迁移成本有两点需要进行说明：一是家庭具有同质性，因此假定家庭出生在同一地区，迁移成本只有角标 j ，即迁移成本只有区域层面的差异；二是迁移成本主要来自家庭迁离出生地带来的文化差异、心理成本，因此出现在效用函数当中而非预算约束。

由于家庭被假定是同质的，在均衡状态下，所有家庭获得的效用水平相同，否则家庭会继续迁移到效用水平更高的地区，直到所有家庭的效用水平一致，均衡状态达成。我们以 $\bar{V}$ 来刻画均衡状态下的间接效用水平：

$$V(I_j, p_j; X_j, M_j) \equiv \bar{V} \tag{7-2}$$

家庭在收入、住房价格和舒适度中进行权衡，前二者体现在预算约束中，后者体现在效用函数中。根据罗伊恒等式（Roy's Identity）有

$$H = - V_p / V_I \tag{7-3}$$

式（7-3）表明，间接效用对房价的倒数 V_p 与对收入的倒数 V_I 的比值等于住房消费 H 的相反数。将家庭间接效用函数对房价与收入进行求导，代入罗伊恒等式并进行简单变换，可以得到舒适度 X 的价格 ρ 为

$$\rho = H\frac{dp}{dX} - \frac{dI}{dX} - \frac{V_M}{V_I}\frac{dM}{dX} \tag{7-4}$$

式（7-4）中的 ρ 是本部分重点关注的支付意愿 WTP，更准确的表述为：收入的变化将正好补偿个人在其所选地点舒适度的微小变化。式（7-4）中，前两项为 Roback（1982）中的式子，当间接效用函数不受到迁移成本的影响（$V_m = 0$），或者迁移成本与地区舒适度不相关（$dM/dX = 0$）时，上式则完全等同于 Roback（1982）。然而，如上所述，地区迁移成本往往体现为文化差异等因素带来的心理成本，对于效用水平存在影响（$V_m \neq 0$）；并且往往与地区舒适度存在一定的相关性（$dM/dX \neq 0$）。因此，忽略迁移成本会导致估计的支付意愿存在偏误。就偏误的方向而言：根据理论，迁移成本会带来效用损失，意味着 $V_m < 0$ 总是成立；更高的收入会提升效用水平，意味着 $V_I > 0$ 总是成立；因此，忽略迁移成本情况下估计的支付意愿的偏误取决于 dM/dX，即舒适度与迁移成本的相关性。根据 Bayer 等（2009）的研究结果，当考察空气污染这一影响地区舒适度的因素时，$dM/dX > 0$，进而忽略迁移成本会低估对空气质量的支付意愿 ρ。

事实上，如果要将迁移成本引入模型中，意味着需要放松家庭同质性的假定。具体而言，家庭的初始区域是异质的，尤其是在面积辽阔的中国，区域之间存在较大的异质性，这意味着从不同初始区域迁移到同一个地区面临不同的迁移成本，即 M 不仅存在角标 j，同时在 i 的维度上也应当包含异质性。举例而言，生长在成都的劳动者迁往上海与生长在杭州的劳动者迁往上海，二者相比，直觉上前者面临的迁移成本更高。因此，我们可以明确，要准确估计支付意愿 WTP，需要考虑包括家庭初始区域等因素在内的异质性。

区别于通过简约式回归得到上述支付意愿 ρ 等式中的各项并进行测算，Bayer 等（2009）通过结构模型，系统刻画了异质性家庭的迁移选择，并采用 Berry 等（2004）的估计方法结合微观数据分两步估计模型中的参数。本书在此基础上，进一步考虑家庭对地区舒适度的异质性偏好，并根据义务教育学龄设置结合双重差分（DID）模型来进行参数估计。接下来对模型进行详细阐述。

7.2.2 离散选择模型与 WTP

家庭的区域选择行为是模型的核心出发点。和前述的 Roback（1982）传统模型相一致，家庭在 J 个区域中自由选择居住的区域 j ，在 j 地获取收入 W_{ijt} 并支付相应的住房价格 P_j ，进行可贸易品 C_{ijt} 与住房消费 H_{ijt} 。α 和 β 衡量了效用函数中可贸易品消费与住房消费的相对重要程度。家庭的效用来源于对可贸易品和住房的消费，以及包括舒适度、异地入学门槛与迁移成本的地区特征 X_{jt} 。

$$\max_{\{C,\ H,\ X\}} U(C_{ijt},\ H_{ijt};\ X_{jt}) = \alpha \ln C_{ijt} + \beta \ln H_{ijt} + u_i(X_{jt}) \tag{7-5}$$

式（7-5）的设定与 Roback（1982）相比，模型增加了家庭层面的异质性，以角标 i 指代家庭。与 Bayer 等（2009）相一致，家庭面临不同的迁移成本 MC_{ij} ，迁移成本不随时间变化。进一步地，本书放松了其关于家庭对地区特征 X_{jt} 的同质性偏好假定，设定家庭从 X_{jt} 得到的效用水平在家庭特征 γ_i 维度上存在差异。ε_{ijt} 为家庭在 t 时期对于地区 j 的不可观测的偏好。

$$u_i(X_{jt}) = \gamma_i X_{jt} - \mathrm{MC}_{ij} + \varepsilon_{ijt} \tag{7-6}$$

至此，式（7-5）和式（7-6）定义了家庭的效用函数。家庭的区域决策是给定预算约束的效用最大化问题，其面临的预算约束如下：

$$C_{ijt} + P_{jt} H_{ijt} = W_{ijt} \tag{7-7}$$

接下来我们对模型进行求解。首先，给定家庭的区域选择 j ，此时家庭了解自身在区域 j 的收入为 W_{ijt} ，面临的住房价格为 P_{jt} ，迁移成本为 MC_{ij} ，其余的地区特征 X_{jt} ，以及自身的不可观测偏好 ε_{ijt} 。此时家庭需要做的决策为将收入 W_{ijt} 在可贸易品消费 C_{ijt} 与住房消费 H_{ijt} 中进行分配，以使得家庭效用最大化。简单求解可得家庭的最优消费决策：

$$H_{ijt} = \frac{\beta}{\alpha + \beta} \frac{W_{ijt}}{P_{jt}} \equiv \phi \frac{W_{ijt}}{P_{jt}} \tag{7-8}$$

$$C_{ijt}=\frac{\alpha}{\alpha+\beta}W_{ijt}\equiv(1-\phi)W_{ijt}$$

其中，$\phi\equiv\alpha/(\alpha+\beta)$，衡量了住房消费金额占总消费（总收入 W_{ijt}）的比例。将式（7-8）带入效用函数，可以得到如下的家庭间接效用函数：

$$V_{ijt}=\psi+(\alpha+\beta)\ln W_{ijt}-\beta\ln P_{jt}+u_i(X_{jt}) \qquad (7-9)$$

其中，ψ 为由参数构成的常数项。将 $u_i(X_{jt})$ 的具体形式代入到式(7-9)中：

$$V_{ijt}=\psi+(\alpha+\beta)\ln W_{ijt}-\beta\ln P_{jt}+\gamma_i X_{jt}-MC_{ij}+\varepsilon_{ijt} \qquad (7-10)$$

式（7-5）衡量了家庭 i 在 t 时期选择区域 j 后所能实现的效用水平，接下来求解家庭的最优区域选择。参照 McFadden（1974），假定家庭不可观测的异质性偏好 ε_{ijt} 服从一类极值独立同分布，因此有：

$$Pr_{ijt}=\frac{\exp((\alpha+\beta)\ln W_{ijt}-\beta\ln P_{jt}+\gamma_i X_{jt}-MC_{ij})}{\sum_k^J\exp((\alpha+\beta)\ln W_{ikt}-\beta\ln P_{kt}+\gamma_i X_{kt}-MC_{ik})} \qquad (7-11)$$

Pr_{ijt} 为家庭 i 在 t 时期选择地区 j 的概率。对式（7-11）进行解读可以发现，家庭在做出区域选择的过程，实质上是在区域收入 W_{ijt}、住房价格 P_{jt}，地区特征 X_{jt} 和迁移成本 MC_{ij} 之间进行权衡。根据参数的性质可知，当地区能提供的收入越高、住房价格越低、地区特征能带来更高的效用或者迁移成本越低时，家庭有越高的概率选择这一地区作为居住地。

至此，我们完成了家庭区域选择概率的求解。需要说明的是，本书所关注的异地入学门槛衡量了流动人口子女在流入地接受公共义务教育的难度，是地区特征的一部分且在直观上影响家庭的迁移决策。一方面，父母关心子女的受教育水平与人力资本积累。当子女能够在流入地接受良好的公共教育服务，在未来可以积累更高的人力资本水平时，父母从中获得更高的效用。另一方面，与子女分离会带来效用损失。如前文的研究发现所示，异地入学门槛降低了子女在流入地接受公共义务教育的可能性，提升了子女留守在户籍地的概率。已有研究从子女的角度对留守引致的心理状况进行了实证分析，发现与父母分离会给子女带来心理压力（谭深，2011）。从父母的角度来说，陪伴子女本身会带来效用提升，同时对子女留守的愧疚也会引致效用损失。

在接下来的部分，我们阐述本部分的估计策略，以及在这一模型框架下，支付意愿 WTP 的具体表达形式。

7.3 估计策略

本部分遵循 Berry 等（2004）和 Bayer 等（2009）的方法，分两步估计模型中的所有参数。该方法可以解决选择集较大带来的维度诅咒问题。在逐步交代估计方法之前，我们需要明确与估计相关的以下三个方面。

首先，迁移成本 MC_{ij} 的测度。迁移成本本身不可观测且有多方面的来源，刻画迁移成本存在难度。在国外的已有文献中，迁离出生地被实证证实会引致效用损失，忽略迁移成本会导致支付意愿估计有偏（Bayer et al.，2009）。在中国的背景下，除出生地与迁入地的文化差异、生活习惯等因素引致的心理成本以外，以户籍制度为基础的公共服务供给机制同样会造成流动人口的心理成本。例如，医疗保险的异地报销程序更为繁琐，会增加流动人口异地就医的成本。考虑到上述因素，本书以下列式子来刻画迁移成本，其中影响因素包括迁入省份是否为户籍省份，迁入的区域（东、中、西部）是否为户籍所在的区域，以及户籍省会城市与迁入市的地理距离的对数。并且，为了进一步刻画迁移成本的个体异质性，以更好地拟合数据贴近现实，本书引入以下个体特征与上述因素的交互项：户主是不是女性、户主在流入地的时长、父母亲是否拥有高中及以上学历、是否拥有城市户籍、父母亲年龄。

$$MC_{ij} = x_i \times (\lambda_0 + \lambda_1 1\{prov_i \neq prov_j\} + \lambda_2 1\{regn_i \neq regn_j\} + \lambda_3 \mathrm{lndist})$$

其次，模型中异地入学门槛 $SERI_{jt}$ 的体现。估计流动人口对子女在流入地接受义务教育公共入学服务的支付意愿，以此量化异地入学服务对家庭的效用，是本书的核心研究内容。如前文所述，异地入学门槛会影响流动人口家庭的效用水平：一方面，父母关心子女的受教育水平与人力资本积累。当子女能够在流入地接受良好的公共教育服务，在未来可以积累更高的人力资本水平时，父母从中获得更高的效用。另一方面，与子女分离会带来效用损失。从这一角度而言，异地入学门槛与地区舒适度一样，是会影响家庭效用的地区特征，因此本书将影响家庭效用的地区特征 X_{jt} 表示为异地入学限制 $SERI_{jt}$ 和其余方面的舒适度指标 $amenity_{jt}$ 两个部分。其中，$amenity_{jt}$ 为对城市的图书馆藏书册数、人均绿化面积、人均道路面积、全市各类学校数量等变量进行主成分分析提取的指标。

$$X_{jt} = \{amenity_{jt}, \mathrm{SERI}_{jt}\}$$

再次，基于义务教育法定入学年龄的识别策略。与本书之前部分采用双重差分来识别异地入学门槛对儿童留守概率影响的识别策略相一致，本书基于流动人口是否有义务教育学龄子女来进行实验组与控制组的分组，采用 DID 策略来识别异地入学政策对地区平均效用水平的影响。义务教育学龄由法律规定，相对外生，只有达到义务教育学龄的儿童会受到义务教育异地入学限制的影响，因此为我们识别政策影响提供了天然的分组。在这一识别策略下，我们可以控制“流入的城市 × 年份”的固定效应，使得政策识别来源于“城市-年份”内部的样本比较，以避免不可观测的城市时变特征带来的内生性问题。我们以 D^s 变量来指代流动人口是否有义务教育学龄阶段的子女，当 D^s 为 1 时，代表流动家庭为实验组；当 D^s 为 0 时，代表流动家庭为控制组。

最后，引入家庭对地区舒适度的异质性偏好。在结构模型的框架下，我们可以引入家庭对地区特征的异质性偏好，来使得模型更好地拟合数据、刻画现实，使得本书的量化结论更具有微观基础。上述设定在本书的框架中体现为，衡量家庭对地区特征偏好的参数为 γ_i，在家庭 i 的维度上具备异质性。综合考虑经济学直觉与参数估计技术手段，我们设定 γ_i 为如下的线性形式。其中 x_{ik} 包含了户主是不是女性、户主在流入地的时长、父母亲是否拥有高中及以上学历、是否拥有城市户籍变量，来刻画家庭对地区特征的偏好程度在上述特征维度上的差异。

$$\gamma_i = \gamma_0 + \sum_k \gamma_k x_{ik}$$

接下来，我们分步骤介绍本书的估计策略。

7.3.1 第一步：估计城市平均效用水平

本书采取 DID 的策略，比较有义务教育学龄子女的实验组家庭（$D^s = 1$）与没有义务教育学龄子女的控制组家庭（$D^s = 0$），来识别异地入学政策对于地区平均效用的影响。因此接下来我们引入角标 $s \in \{0, 1\}$ 来指代处理组与控制组的组别。相应地，组别为 s 的家庭 i 在 t 时期选择 j 城市的概率有如下表达：

$$Pr_{ijt}^{s} = \frac{\exp((\alpha + \beta)\ln W_{ijt} + \gamma x_i\, amenity_{jt} - \mathrm{MC}_{ij} + \delta_{jt}^{s})}{\sum_{k}^{J} \exp((\alpha + \beta)\ln W_{ikt} + \gamma x_i\, amenity_{kt} - \mathrm{MC}_{ik} + \delta_{kt}^{s})} \tag{7-12}$$

其中：

$$\delta_{jt}^{s}=\gamma_{0}^{s}X_{jt}-\beta\ln P_{jt}+\xi_{jt}^{s}$$

第一步中，我们通过 Multinomial Logit，采用极大似然估计法，估计上式中的所有参数。其中，收入前的系数 $\alpha+\beta>0$ 衡量了收入对家庭地区选择概率的影响，γ 捕捉了家庭对地区舒适度的异质性偏好，MC_{ij} 刻画了家庭 i 迁移到 j 地区的迁移成本。可以发现，在上述几项捕捉了家庭的异质性后，δ_{jt}^{s} 没有家庭层面 i 的异质性，衡量的是地区 j 在 t 时期为 s 类家庭提供的效用，由 s 类家庭对地区特征的平均偏好 $\gamma_{0}^{s}X_{jt}$ 与其不可观测的平均异质性偏好 ξ_{jt}^{s} 、住房价格的影响 $-\beta\ln P_{jt}$ 共同决定。

直观而言，地区特征 X_{jt} 中的义务教育异地入学门槛，衡量了流入城市 j 的家庭子女公共服务的可得性，直接影响的是有义务教育学龄子女的流动人口家庭。对于没有义务教育学龄子女的家庭，不会产生直接的影响。因此比较两类家庭对流入地公共教育服务的偏好，可以识别异地入学门槛对于城市效用的平均处理效应。接下来我们对于第二步的估计策略进行详细阐述。

7.3.2 第二步：估计公共教育服务 WTP

在第一步估计之后，可以得到地区为两类家庭提供的平均效用 $\hat{\delta}_{jt}^{s}$ ：

$$\hat{\delta}_{jt}^{s}=\gamma_{0a}^{s}amenity_{jt}+\gamma_{0e}^{s}\,\mathrm{SERI}_{jt}-\hat{\beta}\ln P_{jt}+\xi_{jt}^{s} \tag{7-13}$$

此时，式（7-13）中除两类家庭的不可观测偏好 ξ_{jt}^{s} 不可知以外，其余变量均可以从数据中得到，因此直觉上可以通过简约式估计得到其中的参数。估计得到参数后，家庭对义务教育公共服务的支付意愿可以通过如下式子计算：

$$\mathrm{WTP}=-\frac{\gamma_{0e}^{s}}{\alpha+\beta} \tag{7-14}$$

其中，γ_{0e}^{s} 是异地入学门槛指数的系数，其相反数代表了异地公共教育服务对于城市平均效用的影响。$\alpha+\beta$ 是对数收入前的系数，代表了收入提升1%带来的效用的变化。二者相除即以收入为衡量单位的家庭愿意为义务教育公共服务支付的价格。然而，需要说明的是，要得到参数的无偏估计，需要克服住房价格和异地入学门槛指数可能引致的内生性问题。

在式（7-13）中，ξ_{jt}^{s} 为不可观测的家庭平均偏好，尽管模型中控制了地区舒适度，但家庭平均偏好还可能与地区其他特征存在相关性。例如：

不随时间变化的地区特征，*amenity* 中包含了地区的环境、交通等信息，但不可观测的地区历史文化底蕴等特征同样可能影响地区的效用水平；随时间变化的地区特征，例如地区的财政状况、经济增长潜力、对流动人口的包容与接纳度等。同时，这些与不可观测的家庭平均偏好 ξ_{jt}^{s} 相关的变量，也可能与地区住房价格 $\ln P_{jt}$ 和本书关注的异地入学门槛指数 SERI_{jt} 相关。例如，地区潜在的经济增长率会影响地区的产业结构和对流动人口的劳动力需求，这一影响进而会传导到住房市场，引起住房价格的变化。地区财政状况与地区潜在的经济发展水平相关，并且显而易见地与地区可以提供的义务教育在内的公共服务资源相关。上述相关性意味着，要得到参数的无偏估计，进而估计支付意愿，需要解决住房价格与异地入学门槛的内生性问题。

参照已有文献，结合本书面临的具体问题，我们采用两种不同的方式分别解决住房价格与异地入学门槛的内生性问题。

首先，关于住房价格的内生性，我们参照已有文献的做法（Bayer et al.，2009；Liang et al.，2020），将式（7-13）中的住房价格一项 $-\hat{\beta}\ln P_{jt}$ 移到等式的左侧，构成新的被解释变量。此时等式不再存在住房价格解释变量与不可观测的家庭平均偏好相关的内生性问题。我们之所以能够采用这样的方式来解决住房价格的内生性问题，其前提条件还在于知道参数 β 的取值。回顾模型的设定可知，参数 β 是效用函数中住房消费对数前的参数，$\psi=\beta/(\alpha+\beta)$ 衡量的是家庭总消费中住房消费的占比。其中，$\alpha+\beta$ 的取值在本部分的第一步中已经估计得到，因此一旦知道家庭总消费中住房消费的占比，就可以计算得到 β 的取值。参照已有文献，我们从现实数据中计算得到家庭总消费中住房消费占比为 12%，结合第一步的参数估计，进而计算得到 $\hat{\beta}$ 。

其次，关于异地入学门槛的内生性，我们参照之前本书的识别方法，采取双重差分的估计策略。《义务教育法》规定了达到 6 周岁的儿童都可以且应当接受包括小学和初中的教育，没有达到 6 周岁的儿童原则上不可以提前进入义务教育阶段，因此流动人口家庭是否拥有 6~15 岁义务教育学龄的儿童（ D^{s} ），天然地构成了本书的实验组与处理组的划分规则。对于家中不包含义务教育学龄儿童的家庭，流入地的异地入学公共教育服务不会直接影响流入地的效用水平；对于家中有 6~15 岁义务教育学龄的儿童，能否在流入地接受公共教育服务，通过影响子女的人力资本积累过程与子女的留守概率而影响城市对该类家庭的平均效用水平。在这一识别策略下，我们可以控制“流入的城市 × 年份”的固定效应以实现控制城市的所有特征，避免遗漏城市特征变量带来的内生性问题。此时，异地入学门槛指数与不可观测的家庭平均偏好 ξ_{jt}^{s} 不相关，外生性条件满足。

此时，第二阶段的估计方程为

$$\hat{\delta}_{jt}^{s} + \hat{\beta}\ln P_{jt} = \varphi_0 D^{s} + \varphi_1 D^{s} \times \mathrm{SERI}_{jt} + \varphi_{jt} + \xi_{jt}^{s} \tag{7-15}$$

相应的家庭为义务教育公共服务的支付意愿 WTP 计算公式为

$$\mathrm{WTP} = -\frac{\varphi_1}{\alpha + \beta} \tag{7-16}$$

其中，φ_{jt} 为“流入的城市 × 年份”固定效应，城市时变的舒适度指标 $amenity_{jt}$ 被这一固定效应所吸收。需要说明的是，在控制了“流入的城市×年份”固定效应之后，地区住房价格 $\ln P_{jt}$ 的内生性问题也得到了解决。为了验证上述识别策略的稳健性，我们在后文显示了不同固定效应设定下的回归结果。

7.4 估计结果

接下来，我们按照如下思路和结构显示本部分的估计结果：①基于家庭的区域离散选择概率等式的估计结果，并在这一步得到关键参数 $\alpha + \beta$ 与地区为两类家庭提供的平均效用 $\hat{\delta}_{jt}^{s}$；②采用双重差分模型，估计异地入学门槛对地区平均效应的影响 φ_1，并结算相应的支付意愿；③结合模型与参数估计，查看不同的调整异地入学门槛方案下家庭的福利水平，考察异地入学政策的福利效应；④进行一系列的稳健性与异质性分析，说明量化结论的可靠性并为政策的优化设计提供实证依据。

7.4.1 第一步：Multinomial Logit

表 7-5 展示了 Multinomial Logit 所估计的式（7-12）家庭离散选择概率参数结果。其中 A 部分为迁移成本中非异质性部分与对数的家庭收入的系数。家庭收入的对数前的系数 $\alpha + \beta$ 是本书计算家庭对义务教育公共服务支付意愿 WTP 式子中的一部分，估计结果为 2.015，且在 1%的水平上显著。就迁移成本来看，平均而言，跨省流动、跨区域流动与地理距离的

增加都会提升迁移成本，降低家庭效用。同时，比较系数的绝对值可以发现，跨省流动引致的效用损失比跨区域流动更高，这与我国的现实情况相一致。我国的养老、教育等财政经费的统筹均是在省级层面，因此跨省流动的劳动者需要承担较大的行政因素方面的成本。

B 部分展示了在个体特征维度存在异质性的城市舒适度与迁移成本估计结果。在对城市舒适度的偏好上，除在流入地的时长与母亲年龄以外，对舒适度的偏好在其余特征维度均存在显著的异质性。相较于男性，女性对于城市舒适度的偏好程度更低。拥有高中或以上学历的父母、拥有城市户籍户主的家庭更偏好城市舒适度。此外，拥有高中及以上学历的父母、拥有城市户籍户主的家庭面临的迁移成本更高。在流入地生活工作的时间越长，迁移成本会相应降低。

表 7-5　离散选择模型估计结果

A 部分	迁移成本		家庭收入的对数	
	系数	标准误	系数	标准误
跨省流动	5.257***	(0.137)	2.015***	(0.057)
跨区域流动	1.013***	(0.153)		
地理距离的对数	0.055***	(0.004)		
跨省流动×地理距离的对数	−0.266***	(0.015)		
跨区域流动×地理距离的对数	0.043***	(0.017)		
B 部分	城市舒适度 带来的边际效用		异质部分的 迁移成本	
	系数	标准误	系数	标准误
是不是女性	−0.011***	(0.003)	−0.002	(0.003)
在流入地的时长	−0.000 3	(0.000 5)	−0.009***	(0.001)
父亲是否拥有高中及以上学历	0.098***	(0.004)	0.015***	(0.004)
母亲是否拥有高中及以上学历	0.088***	(0.004)	0.037***	(0.004)
是否拥有城市户籍	0.036***	(0.005)	0.014***	(0.005)
父亲年龄/10	0.027***	(0.004)		
母亲年龄/10	0.003	(0.005)		
样本量	109 612			
Log Likelihood	−303 043.6			

注：括号内为聚类到城市层面的稳健标准误。*** 代表在 1%的水平上显著。

7.4.2 第二步：WTP

在获得了第一步的参数估计后，我们提取城市的平均效用水平，并基于式（7-15）进行回归。用于回归的数据覆盖了 3 年，每年 160 个城市，因此回归的样本量为 480。通过微观数据，本书测算发现家庭的住房消费占总消费的比例 $\psi \equiv \beta/(\alpha+\beta)$ 取值为 0.12，结合第一步所估计的 $\alpha+\beta$ 的取值，可以测算得到 $\hat{\beta}$ 取值为 0.24。表 7-6 显示了将 β 取值与住房价格数据 $\ln P_{jt}$ 代入式（7-15）回归的结果。需要说明的是，在不同设定下回归结果非常稳健，交互项系数没有明显差异，主要原因是用于回归的样本量为 480，在控制了流入市、年份固定效应后，回归的自由度相对较小。

表 7-6 DID 估计结果（ψ = 0.12）

	住房价格		租房价格	
	(1)	(2)	(3)	(4)
D	0.482***	0.482***	0.482***	0.482***
	(0.068)	(0.068)	(0.068)	(0.068)
SERI	-0.025		-0.012	
	(0.042)		(0.043)	
D×SERI	-0.087***	-0.087***	-0.087***	-0.087***
	(0.025)	(0.025)	(0.025)	(0.025)
舒适度指标	-0.100***		-0.091**	
	(0.036)		(0.035)	
流入城市 FE	Yes	Yes	Yes	Yes
年份 FE	Yes	Yes	Yes	Yes
流入城市×年份 FE	No	Yes	No	Yes
样本量	480	480	480	480
R^2	0.991	0.996	0.991	0.996

注：括号内为聚类到城市层面的稳健标准误。**、*** 分别代表在 5%、1%的水平上显著。

表 7-6 中，第（1）列和第（3）列控制了流入市和年份的固定效应，第（2）列和第（4）列进一步控制了“流入的城市×年份”固定效应，因此这两列的回归结果中，城市异地入学门槛和住房价格指标相应地被固定效应吸收掉。家庭所居住的房屋可能是自行购买，可能是租住，因此面临的住房成本可以通过房价或租房价格来衡量。表 7-6 中前两列是代入商品

住宅销售价格估计的结果，后两列是代入租金价格估计的结果。比较可以发现，无论是选择不同的住房成本指标，还是是否额外控制“流入的城市×年份”固定效应，回归结果均非常稳健。D ×SERI 前的系数是本书的关注系数，衡量了异地入学门槛对于有义务教育学龄子女的家庭效用的影响。交互项系数显著为负，意味着异地入学的门槛越高，处理组家庭受到的效用损失越大。如前文所述，其中的机制包括影响子女的人力资本积累与引致子女留守、家庭分离。

根据之前关于识别策略的分析和阐述，在控制了“流入的城市×年份”固定效应后，地区的住房成本变量 $\ln P_{jt}$ 与家庭不可观测的平均偏好不相关，不会引致内生性问题。为了确保本书量化分析结果的可靠性，表 7-7 中展示了不采用住房成本调整被解释变量，而控制地区住房成本变量及其与是否为实验组的虚拟变量 D 的交互项的回归结果。表 7-7 中各列的设定与差异与表 7-6 相同。估计结果显示，是否控制“流入的城市×年份”固定效应对回归几乎没有影响，当控制租金及其交互项时，所关注的异地入学门槛指数交互项 SERI× D 的系数绝对值略微有所降低。

表 7-7　DID 估计结果（ψ 进行估计）

	住房价格		租房价格	
	(1)	(2)	(3)	(4)
D	1.580***	1.580***	1.043***	1.043***
	(0.588)	(0.586)	(0.220)	(0.219)
SERI	-0.038		-0.031	
	(0.042)		(0.043)	
D×SERI	-0.061**	-0.061**	-0.056**	-0.056**
	(0.030)	(0.030)	(0.028)	(0.028)
住房价格的对数	-0.048		-0.541	
	(0.041)		(0.611)	
D×住房价格的对数	-0.129*	-0.129*	-0.191**	-0.191***
	(0.070)	(0.070)	(0.073)	(0.072)
舒适度指标	-0.099***		-0.104***	
	(0.036)		(0.035)	
流入城市 FE	Yes	Yes	Yes	Yes
年份 FE	Yes	Yes	Yes	Yes

表7-7(续)

	住房价格		租房价格	
	(1)	(2)	(3)	(4)
流入城市×年份 FE	No	Yes	No	Yes
样本量	480	480	480	480
R^2	0.991	0.996	0.991	0.996

注：括号内为聚类到城市层面的稳健标准误。*、**、*** 分别代表在 10%、5%、1%的水平上显著。

根据支付意愿 WTP 的式（7-16），我们可以将表 7-6 与表 7-7 的估计结果代入进行测算。表 7-8 根据是否以 $\hat{\beta}\ln P_{jt}$ 调整被解释变量（前两列调整）、是否控制“流入的城市 × 年份”固定效应（偶数列控制）、采用商品住宅销售价格还是租房价格（不同的行）来衡量住房成本，展示了不同设定下计算的支付意愿。总体来看，是否控制“流入的城市 × 年份”固定效应对测算结果几乎没有影响，另两种设定对于支付意愿具体数值存在轻微的影响。总结而言，实验组对于义务教育公共服务的平均支付意愿为年收入的 2.8%~4.3%。以样本年收入的中位数 46 464 元计算，这一支付意愿取值范围为 1 301~1 998 元。

表 7-8　义务教育公共服务支付意愿弹性估计结果

	是否以 $\hat{\beta}\ln P_{jt}$ 调整被解释变量			
	是		否	
WTP	(1)	(2)	(3)	(4)
住房价格	0.043	0.043	0.030	0.030
租房价格	0.043	0.043	0.028	0.028

7.4.3　反事实模拟

结构模型估计范式的一大优势在于，可以基于模型和参数估计结果来进行反事实模拟，预测现实情况中未发生的政策可能产生的政策效果，为政策制定与优化提供一定的判断依据。根据之前对我国异地入学政策的梳理，可以发现，我国关于儿童在非户籍地接受义务教育的宏观政策经历了从无到有、从严格到逐渐宽松、从导向型到具体化的发展阶段。进一步取消以户籍为依据的入学条件，转而采用居住证为主的入学规则，是近几年的讨论热点和改革趋势。因此，对于取消异地入学门槛这一改革所引致的福利效应的分析，具有重要的现实意义。

考虑到我国地域广袤，许多改革存在地区层面的渐进式推进过程，同时为了对政策设计提供更为丰富的依据，本书对三种反事实情形进行模拟分析：①取消所有城市的义务教育异地入学门槛，本地户籍儿童与流动儿童拥有平等的接受公办教育的权利；②取消高收入地区（城市收入不低于平均水平）的异地入学门槛，在这些地区本地户籍儿童与流动儿童拥有平等接受公办教育的权利；③取消低收入地区（城市收入低于平均水平）的异地入学门槛，在这些地区本地户籍儿童与流动儿童拥有平等接受公办教育的权利。将这三种反事实情形下的总体福利水平与现实情形相对比，查看福利变化情况。

表 7-9 展示了现实情形与三种反事实情形下，实验组与控制组的福利水平及变化情况。在现实情形中，实验组的福利水平略高于控制组的福利水平。对比现实情况与三种反事实情况，三种反事实情形均提升了实验组与控制组的福利水平，并且从各组福利改善的绝对值来看，首先是取消所有城市的异地入学门槛带来的福利提升幅度最大，其次是取消高收入城市的异地入学门槛，最后是取消低收入城市的入学门槛。从实验组与控制组福利水平差异的变化比例来看，主要是取消高收入城市的入学门槛带来的提升效果最强。这一结果非常直观，符合直觉判断。因为我国的人口流动方向主要是从低收入、相对落后地区向高收入、相对发达地区流动，因此高收入城市是流动人口的集中地，这些城市对流动人口子女的公共教育服务供给政策对于福利有着重要的影响。

总结来说，反事实模拟的福利分析结果表明，逐步降低直至取消异地入学门槛对于提升家庭福利有着重要作用。其中，最为重要的是增加高收入和人口集中流入城市的公共服务供给，让流动人口子女能够与本地儿童一样平等地享受在流入地接受公共教育的服务。

表 7-9　福利分析结果

	现实情形	反事实情形		
		(1)	(2)	(3)
控制组	8.100	8.137	8.135	8.102

表7-9(续)

	现实情形	反事实情形		
		(1)	(2)	(3)
实验组	8.266	8.429	8.419	8.279
差异	0.166	0.292	0.284	0.177
提升比例/%		75.9	71.1	6.63

7.4.4 稳健性与异质性分析

接下来，本章对于实证结果进行一系列的稳健性检验，以说明定量分析结论的可靠性，然后进行家庭户主、子女性别方面的异质性分析，以为政策的优化设计提供丰富的实证依据。

首先，我们改变前文中异地入学门槛 SERI 的构造方式，重新代入式 (7-15)进行回归，并将结果展示在表 7-10 中。在新的指标构造方式下，关注的交互项 D ×SERI 系数与基准结果略有差异，并且是否控制“流入的城市×年份”固定效应对回归系数的绝对值与显著性均存在影响。具体来说，当采用 MFPCA 指标时，系数的绝对值较小，显著性有所降低。在控制了“流入的城市 × 年份”固定效应之后，系数并不显著。当采用线性的指标时，控制“流入的城市 × 年份”固定效应后，系数的绝对值大小有所降低。

表 7-10 替换指标构造方式的回归结果

	MFPCA Index		Polyc Index	
	(1)	(2)	(3)	(4)
D	0.418***	1.717***	0.642***	1.253**
	(0.074)	(0.616)	(0.086)	(0.574)
D×SERI	-0.066**	-0.038	-0.111***	-0.089***
	(0.031)	(0.032)	(0.024)	(0.032)
D×住房价格的对数		-0.151**		-0.076
		(0.072)		(0.071)
流入城市 FE	Yes	Yes	Yes	Yes
年份 FE	Yes	Yes	Yes	Yes
流入城市×年份 FE	No	Yes	No	Yes

表7-10(续)

	MFPCA Index		Polyc Index	
	(1)	(2)	(3)	(4)
样本量	480	480	480	480
R^2	0.995	0.996	0.996	0.996

注：括号内为聚类到城市层面的稳健标准误。** 、*** 分别代表在5%、1%的水平上显著。

本书所考察的义务教育异地入学政策影响阶段涵盖了小学和初中两个阶段，分别对应6~11岁、12~15岁学龄。初中阶段的入学方式相较于小学更为灵活，学龄儿童可以通过特长班、实验班等方式实现异地入学。为了考察上述因素对于本书量化分析结论的影响，我们将有12岁及以上年龄的子女家庭排除，仅考察异地入学门槛对于小学学龄家庭效用的影响。表7-11第（1）列结果显示，在这一样本设定下关注的交互项系数为-0.080，较基准结果的-0.087有所差异但差异的绝对值较小。关于本书设定的另一个可能的疑虑在于，家庭行为可能具有前瞻性，学龄前儿童尽管不直接受到异地入学门槛的影响，但因为家庭会提早规划子女教育，所以导致控制组也会受到异地入学门槛的间接影响。为了考察这一情况，我们将原本的控制组划分为两类：一是没有子女的家庭，二是有不满6周岁子女的家庭。表7-11第（2）列展示了这一设定的回归结果，异地入学门槛对于两组控制组的影响没有显著差异，交互项系数依然在基准估计结果的范围内。表7-11第（3）列则将前两列的设定均考虑在内，回归结果依然稳健。

表7-11　改变实验组与控制组定义的回归结果

	(1)	(2)	(3)
	保留子女 年龄<12岁	增加新控制组	增加新控制组 保留子女年龄<12
D	0.401***	0.822***	0.754***
	(0.065)	(0.106)	(0.104)
D×SERI	-0.080***	-0.066*	-0.063*
	(0.024)	(0.038)	(0.037)
是否属于新控制组		0.542***	0.538***
		(0.106)	(0.106)
是否属于新控制组×SERI		0.007	0.007
		(0.036)	(0.036)

表7-11(续)

	(1)	(2)	(3)
	保留子女 年龄<12 岁	增加新控制组	增加新控制组 保留子女年龄<12
流入城市 FE	Yes	Yes	Yes
年份 FE	Yes	Yes	Yes
流入城市×年份 FE	Yes	Yes	Yes
样本量	480	720	720
R^2	0. 996	0. 990	0. 991

注：括号内为聚类到城市层面的稳健标准误。* 、*** 分别代表在 10%、1%的水平上显著。

接下来，我们进行异质性分析。首先，按照户主是否拥有高中及以上学历将样本分为低教育组与高教育组，分组进行前述的两步实证分析。表 7-12前两列是低教育组的回归结果，后两列是高教育组的回归结果。因为分组后部分“城市-年份-受教育程度”的样本较少，我们对此进行了剔除，所以第二步回归结果中的样本量较基准结果有所减少。对比两组的回归结果可以发现，户主受教育程度较高的组对于异地入学门槛的反应弹性更大，这一发现与前文中的发现一致。受教育程度较高的家庭可能更关心子女的受教育状况和人力资本积累水平。

表 7-12　按照户主受教育水平的分组回归结果

	低教育组		高教育组	
	(1)	(2)	(3)	(4)
D	0. 345***	0. 345***	0. 515***	0. 520***
	(0. 078)	(0. 077)	(0. 087)	(0. 087)
SERI	-0. 037		0. 011 3	
	(0. 044)		(0. 047)	
D×SERI	-0. 084***	-0. 084***	-0. 091**	-0. 093**
	(0. 027)	(0. 027)	(0. 036)	(0. 036)
舒适度指标	-0. 058		-0. 238***	
	(0. 038)		(0. 027)	
流入城市 FE	Yes	Yes	Yes	Yes
年份 FE	Yes	Yes	Yes	Yes
流入城市×年份 FE	No	Yes	No	Yes

表7-12(续)

	低教育组		高教育组	
	(1)	(2)	(3)	(4)
样本量	468	468	466	466
R^2	0.990	0.995	0.985	0.992

注：括号内为聚类到城市层面的稳健标准误。**、*** 分别代表在5%、1%的水平上显著。

表7-13是按照子女性别进行分组的回归结果。其中前两列为子女为男孩的样本回归情况，后两列为子女为女孩的样本回归情况。结果显示，是否控制“流入的城市 × 年份”固定效应不会改变关注的交互项系数。有女孩的家庭受到异地入学门槛的影响更大。

表7-13 按照子女性别分组的回归结果

	男孩		女孩	
	(1)	(2)	(3)	(4)
D	0.464***	0.464***	0.457***	0.457***
	(0.070)	(0.070)	(0.079)	(0.079)
SERI	-0.036		0.007	
	(0.042)		(0.051)	
D×SERI	-0.075***	-0.075***	-0.118***	-0.118***
	(0.026)	(0.026)	(0.027)	(0.027)
舒适度指标	-0.090**		-0.136***	
	(0.045)		(0.024)	
流入城市 FE	Yes	Yes	Yes	Yes
年份 FE	Yes	Yes	Yes	Yes
流入城市×年份 FE	No	Yes	No	Yes
样本量	480	480	480	480
R^2	0.990	0.995	0.987	0.993

注：括号内为聚类到城市层面的稳健标准误。**、*** 分别代表在5%、1%的水平上显著。

最后，表7-14展示了不同群体对于义务教育公共服务的支付意愿。户主拥有高中及以上学历的高技能家庭比低技能家庭愿意为义务教育公共服务多支出1.3%的家庭年收入，以中位数计算约等于604元。子女为女孩的家庭比男孩家庭愿意为义务教育公共服务多支出2.1%的家庭年收入，以中位数计算约等于976元。相关数字为地方政府权衡流动人口子女义务教育公共服务的财政收支，以及可能的政策设计优化提供参考。

表 7-14　异质性群体的义务教育公共服务支付意愿

WTP	是否控制“流入的城市×年份”固定效应	
	控制	不控制
高技能家庭	0.054	0.044
低技能家庭	0.041	0.041
男孩	0.037	0.037
女孩	0.058	0.058

7.5　本章小结

深入刻画流动人口的区域选择行为，定量分析异地入学门槛对于流动人口的迁移决策的影响，对于准确理解流动人口与流动家庭的迁移决策、儿童留守有着非常重要的影响。同时，系统测算我国有义务教育学龄子女流动家庭对于异地义务教育公共服务的支付意愿，以及取消义务教育异地入学门槛引致的福利效应，是推动我国义务教育公共服务供给体制，优化义务教育财政经费制度设计的必然要求。尽管已有研究（吴贾、张俊森，2020）通过断点设计论证了异地入学门槛会影响家庭的流动决策，从而影响城市的劳动力供给。但简约式回归能够提供的量化分析结论有限，本书旨在通过结构模型进行本章的研究分析，以对相关领域已有文献进行补充。

本章对家庭区域的离散选择进行建模：家庭根据效用最大化原则，选择一个区域进行居住与工作。在所选区域，家庭获得工资性收入，并进行可贸易品与住房消费。家庭的效用由家庭消费、对包括义务教育公共服务可得性在内的地区特征的偏好、不可观测的异质性偏好构成。利用流动人口动态监测微观数据，分两步估计了模型中的各项参数，估计流动人口对义务教育公共服务的支付意愿。同时，基于本书的研究目的和数据基础，本章结合我国的义务教育学龄规则，采取双重差分的设计来识别异地入学门槛对于城市平均效用的影响；并允许家庭对城市特征的异质性偏好来实现模型对现实情况的良好拟合。

本章有以下发现：根据基准估计结果，异地入学限制会降低流入市对于有义务教育学龄子女流动家庭（以下称为“实验组家庭”）的效用水平。定量分析结论为，实验组家庭对于义务教育公共服务的平均支付意愿为年收入的2.8%~4.3%，以样本中年收入的中位数46 464元计算，这一支付意愿取值范围为1 301~1 998元。进一步的反事实模拟结果显示，当其余因素保持不变，取消所有城市的异地入学限制会引致实验组的福利水平提升。从具体数字来看，实验组与控制组家庭的相对福利差距水平会提升76%左右。对于分别取消高收入、低收入家庭的异地入学门槛限制进行模拟分析，我们发现低收入城市的改革对于福利提升的效果十分有效，前述效果主要是由流入人口集中的高收入地区改革所推动的。此外，本章进行了一系列的稳健性与异质性分析，来说明量化分析结论的可靠性，并发现户主受教育程度较高的家庭，以及子女为女孩的家庭支付意愿相对更高。相关的结论对于优化政策设计具有一定的借鉴意义。

8 结论、建议与展望

推动城乡公共教育服务均等化，是推动我国乡村振兴与新型城镇化的重要路径，是实现经济增长与共同富裕的必然要求。当前，我国城乡义务教育财政经费投入存在差异，并且受户籍制度和异地入学限制的影响，农村外出务工人员子女无法在流入地同等地享受义务教育公共服务。上述典型事实均揭示了我国城乡义务教育公共服务均等化程度有待进一步提升的事实。同时，我国城乡劳动者的学历分布、教育代际流动性均存在差异，一定程度上反映出城乡劳动者人力资本水平的差距。因此，基于当前背景，系统量化我国城乡公共教育服务均等化程度，识别其人力资本积累和福利效应，并探讨不均等背后的财政体制因素，对于提升我国整体人力资本水平从而促进经济增长，以及缩小城乡儿童人力资本差距进而缩小城乡劳动者收入差距有着重要意义。本书按照上述思路对我国城乡公共教育服务均等化进行了系统分析与研究。本章将总结本书的主要结论，并在此基础上提出相应的政策建议，最后基于本书研究的不足对未来本领域的研究进行展望。

8.1 结论

第一，本书从两个方面测度了我国公共教育服务均等化水平，量化结果表明当前城乡义务教育公共服务存在不均等。首先，本书基于 2013 年区县的教育财政经费数据，查看了城乡间、各线城市间的投入差异。就义务教育阶段而言，除一线城市以外，各线城市内部城市地区的生均教育财政经费均高于农村地区，并且二线城市与初中阶段的差距最大。其次，本书搜集了 2013—2016 年异地入学政策文件，并量化形成异地入学门槛指数。从区域分布来看，经济越发达、流入人口越集中的城市异地入学门槛越高；从时间趋势来看，一线城市的异地入学门槛指数持续上升，其余城市的异地入学门槛有所下降。

第二，本书结合2010—2016年中国家庭追踪调查数据，估计人力资本动态积累函数，并通过反事实模拟来估计当城乡义务教育公共服务均等时，城乡儿童人力资本积累差距以及劳动者的工资性收入差距的变化情况。研究发现：①在10~15岁年龄段，城市儿童人力资本积累水平始终高于农村儿童，差距值在12~13岁阶段有所降低，14~15岁进一步扩大。②在家庭教育投入行为方面，当家庭面对公共教育投入的增加，会显著地增加其对子女教育的资金与时间投入，一定程度上揭示了家庭认为人力资本积累函数中公共教育投入与家庭教育投入存在互补性。③从人力资本动态积累函数的估计结果来看，与家庭的教育投入决策相一致，各投入要素之间存在互补性。人力资本积累是一个动态累积的过程，早期的人力资本积累水平存在持续性的影响，但人力资本积累存在一个“回归”的过程，人力资本存量较低的子女，其人力资本存量的边际产出更高。家庭教育投入则会放大本身的人力资本积累差异，人力资本存量越高的子女，家庭教育投入的边际产出越高。④当10~11岁城乡儿童获得的义务教育阶段公共教育财政投入相等时，10~11岁的城乡儿童人力资本水平差缩小了2.2%，12~13岁差距缩小了51.7%，14~15岁差距缩小了37.3%。换算成劳动者进入劳动力市场后的工资收入差距，相当于收入差距缩小12.4%。

第三，本书采用双重差分设计，结合卫计委流动人口动态监测数据，识别了异地入学政策对于农村流动人口子女留守概率的影响。实证结果显示：入学门槛指数每单位的提升，会使得流动人口学龄子女的留守概率增加约2.8%；异地入学政策差异能解释学龄儿童留守概率区域差异的9.2%。其中的作用机制在于，受异地入学政策的影响，农村流动人口子女在流入地接受公共义务教育的概率降低。如果要在流入地接受义务教育，只能承受更高的教育成本（缴纳赞助费、进入民办学校）。进一步的分析表明，流入地住房价格强化了入学限制对学龄儿童留守的影响，但“积分制”入学通过更灵活的制度安排降低了住房价格对流动人口学龄子女留守的不利影响。母亲如果拥有高中及以上学历，会显著降低异地入学政策对子女随迁的限制。在子女性别方面，男孩受到的入学门槛的限制总体高于女孩。

第四，本书构建了家庭区域离散选择模型，结合卫计委流动人口动态监测数据与采取双重差分的设计，估计了家庭对于流入地义务教育公共服务的支付意愿。研究发现，有义务教育学龄子女的家庭对于义务教育公共服务的平均支付意愿为年收入的 2.8%～4.3%。以样本中年收入的中位数 46 464 元计算，这一支付意愿取值范围为 1 301～1 998 元。反事实模拟结果显示，当其余因素保持不变，取消所有城市的异地入学限制会引致实验组的福利水平提升。从具体数字来看，实验组与控制组家庭的相对福利差距水平会提升 76%左右。对于分别取消高收入、低收入地区的异地入学门槛限制进行模拟分析，我们发现高收入城市的改革对于福利提升的效果十分有效，前述效果主要是由流入人口集中的高收入地区改革所推动的。此外，稳健性分析验证了本书定量分析结果的可靠性。异质性分析发现，户主受教育程度较高的家庭，以及子女为女孩的家庭支付意愿相对更高。相关的结论对于优化政策设计具有一定的借鉴意义。

8.2 政策建议

第一，应当继续推进我国义务教育阶段异地入学政策改革，逐步降低直至取消流动人口子女在流入地的入学限制。从政策细则来看，异地入学限制主要来源于“三证”以外较难获得的居住证和社保缴纳证明。这类证明是接下来异地入学政策改革的难点，同时与户籍改革、社保统筹、教育财政经费统筹协调制度相关。因此，在推动改革时，需要注意相关制度的联动与协调：继续推进户籍制度改革，避免出现居住证相较于户籍制度换汤不换药的问题，促进社保制度统筹，提升“钱随人走”的教育经费额度等。另外，“积分制入学”作为异地入学制度的制度创新，提升了政策的灵活度，有利于缓解住房产权等因素的限制。政策制定部门应当继续推动此类制度创新。

第二，调整义务教育财政经费制度，增强中央政府对地方教育财政的调控力度，强化中央政府在推动城乡义务教育均等化过程中的责任分担。“农村义保新机制”的建立，使得中央政府与地方政府对于农村义务教育经费的分担模式得以建立，中央政府的财政分担力度不断增强。考虑到当前我国城乡生均教育经费投入的差异，要实现城乡义务教育公共服务均等化程度的提升，需要进一步强化中央政府对农村义务教育财政的分担作用，适当提升其分担比例。同时，鉴于我国存在大量的流动人口，需要进一步增加教育财政经费的可携带性，以此保证人口集中流入城市的教育财政供给。当前可携带的“生均公用经费”不到千元，占平均生均财政支出不到十分之一。

第三，加强对义务教育阶段民办学校、辅导机构的规范与引导，协调公办、民办学校的发展，推动家庭与学校教育的良性互动。我国早在21世纪初就确定了“两为主”政策：解决流动人口子女接受义务教育问题，以流入地区政府管理为主，以全日制公办中小学为主。然而，对这一政策的贯彻与落实方式仍在探索和发展中。在过去的20年中，出现了“赞助费”“择校费”、进城务工人员子弟校等模式，与起初确定的“两为主”精神存在一定背离。同时，由于家庭教育与学校教育存在互补性，家庭教育投入的不平等会放大公共教育服务的不平等。近年来，公民同招、“双减”等政策的实施，有利于提升公办教育在义务教育中的重要性，缓解家庭教育的“内卷”，推动家庭教育投入的均等化。

8.3 研究展望

尽管本书对我国城乡义务教育公共服务均等化的人力资本积累和福利效应进行了详细的分析和讨论，受限于数据与当前的技术掌握，本书存在如下不足之处，同时也为未来的研究提供了思路，指出了具体的研究方向：

第一，本书对家庭区域离散选择的行为刻画，是静态视角的局部均衡模型。考虑到子女人力资本积累过程的动态性，家庭行为的前瞻性，将这一模型动态化以更准确刻画家庭行为是未来的重要研究方向。同时，在模型中引入代表性企业刻画地区对流动人口的劳动力需求，引入地方政府刻画教育财政供给，从而从局部均衡扩展为一般均衡是模型的重要改进方向。

第二，系统刻画中央政府与地方政府行为，深入理解二者的互动与博弈机制，综合分析义务教育财政体制。“农村义保新机制”的确立，是我国城乡义务教育财政体制的里程碑事件。从央地政府行为视角刻画和分析这一机制的确立与影响因素，有利于为未来教育财政体制的改革与发展提供更具体的方向。

第三，本书以义务教育阶段整体为研究对象，只关注了义务教育阶段的入学，忽略了小升初以及之后的初升高、高考等环节。事实上，前述每一个环节都可能因为家庭的前瞻性而影响到家庭的迁移与教育投入等行为。要实现对公共教育服务均等化的人力资本积累和福利效应的完整系统性理解，需要将上述环节的均等化程度纳入考虑。

参考文献

才国伟，刘剑雄，2014. 收入风险、融资约束与人力资本积累：公共教育投资的作用［J］. 经济研究（7）：67–80.

钞小静，任保平，2011. 中国经济增长质量的时序变化与地区差异分析［J］. 经济研究（4）：26–40.

陈斌开，张鹏飞，杨汝岱，2010. 政府教育投入、人力资本投资与中国城乡收入差距［J］. 管理世界（1）：36–43.

程名望，盖庆恩，Jin Yanhong，等，2016. 人力资本积累与农户收入增长［J］. 经济研究（1）：168–181，192.

陈媛媛，邹月晴，宋扬，2024. 异地中考门槛与流动人口子女的留守［J］. 经济学（季刊）（1）：119–135.

丁冬，郑风田，2015. 撤点并校：整合教育资源还是减少教育投入?：基于1996—2009 年的省级面板数据分析［J］. 经济学（季刊）（2）：603–622.

段成荣，吕利丹，王宗萍，2014. 城市化背景下农村留守儿童的家庭教育与学校教育［J］. 北京大学教育评论（3）：13–29，188–189.

段成荣，2015. 我国流动和留守儿童的几个基本问题［J］. 中国农业大学学报（社会科学版）（1）：46–50.

方媛，姚佳胜，2020. 我国流动儿童教育政策变迁逻辑及未来展望［J］. 当代教育科学（1）：77–82.

范剑勇，莫家伟，张吉鹏，2015. 居住模式与中国城镇化：基于土地供给视角的经验研究［J］. 中国社会科学（4）：44–63，205.

范先佐，2015. 乡村教育发展的根本问题［J］. 华中师范大学学报（人文社会科学版）（5）：146–154.

范子英，高跃光，2019. 财政扶贫资金管理、支出激励与人力资本提升［J］. 财政研究（3）：14–29.

冯帮，2007. 我国农民工子女教育问题产生的背景分析［J］. 江西教育科研（4）：52-54.
冯皓，陆铭，2010. 通过买房而择校：教育影响房价的经验证据与政策含义［J］. 世界经济（12）：89-104.
冯帅章，陈媛媛，2012. 学校类型与流动儿童的教育：来自上海的经验证据［J］. 经济学（季刊）（4）：1455-1476.
付文林，沈坤荣，2012. 均等化转移支付与地方财政支出结构［J］. 经济研究（5）：45-57.
高跃光，冯晨，唐雅，2021. 户籍的代际关联、“农转非”与长期人力资本［J］. 世界经济（11）：102-120.
葛新斌，2009. “两为主”政策中的政府投入责任探析［J］. 教育发展研究（2）：1-5，11.
郭庆旺，贾俊雪，2008. 中央财政转移支付与地方公共服务提供［J］. 世界经济（9）：74-84.
哈巍，余韧哲，2017. 学校改革，价值几何：基于北京市义务教育综合改革的“学区房”溢价估计［J］. 北京大学教育评论（3）：137-153，191.
韩峰，李玉双，2019. 产业集聚、公共服务供给与城市规模扩张［J］. 经济研究（11）：149-164.
何兴强，费怀玉，2018. 户籍与家庭住房模式选择［J］. 经济学（季刊）（2）：527-548.
洪俊杰，倪超军，2020. 城市公共服务供给质量与农民工定居选址行为［J］. 中国人口科学（6）：54-65，127.
胡枫，李善同，2009. 父母外出务工对农村留守儿童教育的影响：基于5城市农民工调查的实证分析［J］. 管理世界（2）：67-74.
胡婉旸，郑思齐，王锐，2014. 学区房的溢价究竟有多大：利用“租买不同权”和配对回归的实证估计［J］. 经济学（季刊）（3）：1195-1214.
柯宓，朱钢，2017. 城市公办学校就读门槛降低对农民工子女随迁的影响：基于样本城市自然实验的分析［J］. 经济问题（4）：50-56，75.
梁琦，陈强远，王如玉，2013. 户籍改革、劳动力流动与城市层级体系优化［J］. 中国社会科学（12）：36-59，205.
李春玲，2014. “80后”的教育经历与机会不平等：兼评《无声的革命》

[J]. 中国社会科学(4): 66-77, 205.
李海峥, 贾娜, 张晓蓓, 等, 2013. 中国人力资本的区域分布及发展动态 [J]. 经济研究(7): 49-62.
李力行, 周广肃, 2015. 家庭借贷约束、公共教育支出与社会流动性 [J]. 经济学(季刊)(1): 65-82.
李强, 臧文斌, 2011. 父母外出对留守儿童健康的影响 [J]. 经济学(季刊)(1): 341-360.
李庆海, 孙瑞博, 李锐, 2014. 农村劳动力外出务工模式与留守儿童学习成绩: 基于广义倾向得分匹配法的分析 [J]. 中国农村经济(10): 4-20.
李实, 朱梦冰, 2022. 推进收入分配制度改革 促进共同富裕实现 [J]. 管理世界(1): 52-61, 62, 76.
李实, 杨一心, 2022. 面向共同富裕的基本公共服务均等化: 行动逻辑与路径选择 [J]. 中国工业经济(2): 27-41.
李小帆, 2022. 人口迁移、地区教育水平与福利差距 [J]. 世界经济(7): 73-97.
李尧, 2020. 教育公共服务、户籍歧视与流动人口居留意愿 [J]. 财政研究(6): 92-104.
李云森, 2013. 自选择、父母外出与留守儿童学习表现: 基于不发达地区调查的实证研究 [J]. 经济学(季刊)(3): 1027-1050.
梁文艳, 2010. "留守"对西部农村儿童学业发展的影响: 基于倾向分数配对模型的估计 [J]. 教育科学(5): 43-50.
李春玲, 2021. 我国社会结构现代化转型进程 [J]. 湖南社会科学(1): 104-110.
李鹏, 朱德全, 宋乃庆, 2017. 义务教育发展"中部塌陷": 表征、原因与对策: 基于2010—2014年区域义务教育发展数据的比较分析 [J]. 教育科学(1): 1-9.
刘俊贵, 王鑫鑫, 2013. 农民工随迁子女义务教育经费保障问题及对策研究 [J]. 教育研究(9): 72-77.
刘楠楠, 段义德, 2017. 财政支出对教育代际流动性的影响 [J]. 财经科学(9): 35-45.
刘生龙, 靳天宇, 2020. 生育数量是否影响子女受教育水平: 来自人口抽样调查的证据［J］. 世界经济（10）：121-143.
刘天，程建坤，2018. 改革开放40年我国义务教育均衡发展的政策变迁、动因和经验［J］. 基础教育（6）：22-31.
刘泽云，郭睿，2020. 流动儿童对本地儿童学习成绩的影响：基于CEPS数据的分析［J］. 北京大学教育评论（4）：71-102，187.
罗楚亮，李实，岳希明，2021. 中国居民收入差距变动分析（2013—2018）［J］. 中国社会科学（1）：33-54，204-205.
吕绍清，2006. 农村儿童：留守生活的挑战：150个访谈个案分析报告［J］. 中国农村经济（1）：49-56.
聂辉华，贾瑞雪，2011. 中国制造业企业生产率与资源误置［J］. 世界经济（7）：27-42.
庞丽娟，2020. 统筹推进城乡义务教育一体化发展［J］. 教育研究（5）：16-19.
潘士远，朱丹丹，徐恺，2018. 中国城市过大抑或过小?：基于劳动力配置效率的视角［J］. 经济研究（9）：68-82.
邵磊，任强，侯一麟，2020. 基础教育均等化措施的房地产资本化效应［J］. 世界经济（11）：78-101.
尚伟伟，陆莎，李廷洲，2020. 我国义务教育发展的“中部塌陷”：问题表征、影响因素与政策思路［J］. 北京大学教育评论（2）：172-186，192.
佘宇，单大圣，2018. 中国教育体制改革及其未来发展趋势［J］. 管理世界（10）：118-127.
宋弘，罗吉罡，黄炜，2022. 教育扶贫与人力资本积累：事实、机制与政策含义［J］. 世界经济（10）：3-27.
宋锦，李实，2014. 农民工子女随迁决策的影响因素分析［J］. 中国农村经济（10）：48-61.
苏红键，2021. 教育城镇化演进与城乡义务教育公平之路［J］. 教育研究（10）：35-44.
孙文凯，王乙杰，2016. 父母外出务工对留守儿童健康的影响：基于微观面板数据的再考察［J］. 经济学（季刊）（3）：963-988.
陶然，孔德华，曹广忠，2011. 流动还是留守：中国农村流动人口子女就学地选择与影响因素考察［J］. 中国农村经济（6）：37-44.
陶然，周敏慧，2012. 父母外出务工与农村留守儿童学习成绩：基于安徽、江西两省调查实证分析的新发现与政策含义［J］. 管理世界（8）：68-77.

陶圣琴，2010. 政府在农民工子女义务教育中的责任［J］. 现代教育管理（6）：18-21.

田旭，黄莹莹，钟力，等，2018. 中国农村留守儿童营养状况分析［J］. 经济学（季刊）（1）：247-276.

田志磊，杨龙见，袁连生，2015. 职责同构、公共教育属性与政府支出偏向：再议中国式分权和地方教育支出［J］. 北京大学教育评论（4）：123-142，187.

汪德华，邹杰，毛中根，2019. “扶教育之贫”的增智和增收效应：对20世纪90年代“国家贫困地区义务教育工程”的评估［J］. 经济研究（9）：155-171.

汪凡，白永平，周亮，等，2019. 中国基础教育公共服务均等化空间格局及其影响因素［J］. 地理研究（2）：285-296.

王丽莉，乔雪，2020. 我国人口迁移成本、城市规模与生产率［J］. 经济学（季刊）（1）：165-188.

王丽艳，马光荣，2017. 帆随风动、人随财走?：财政转移支付对人口流动的影响［J］. 金融研究（10）：18-34.

王明杰，郑一山，2006. 西方人力资本理论研究综述［J］. 中国行政管理（8）：92-95.

王蓉，2004. 我国义务教育财政问题研究：回顾与展望［J］. 教育与经济（4）：43-47.

王毅杰，卢楠，2019. 随迁子女积分入学政策研究：基于珠三角、长三角地区11个城市的分析［J］. 江苏社会科学（1）：69-79.

王远伟，2010. 我国“教育中部塌陷”现象解读：基于省际教育数据的实证分析［J］. 教育发展研究（3）：42-47.

魏东霞，谌新民，2018. 落户门槛、技能偏向与儿童留守：基于2014年全国流动人口监测数据的实证研究［J］. 经济学（季刊）（2）：549-578.

吴贾，陈丽萍，范承泽，2022. 母亲收入、家庭氛围和子女人力资本发展［J］. 经济学（季刊）（4）：1169-1192.

吴贾，吴莞生，李标，2021. 早期健康投入是否有助于儿童长期认知能力提升?［J］. 经济学（季刊）（1）：157-180.

吴贾，张俊森，2020. 随迁子女入学限制、儿童留守与城市劳动力供给［J］. 经济研究（11）：138-155.

吴开亚，张力，陈筱，2010. 户籍改革进程的障碍：基于城市落户门槛的分析［J］. 中国人口科学（1）：66-74，112.

吴霓，2004. 农村留守儿童问题调研报告［J］. 教育研究（10）：15-18，53.

吴愈晓，2013. 中国城乡居民的教育机会不平等及其演变（1978—2008）［J］. 中国社会科学（3）：4-21，203.

吴愈晓，黄超，2016. 基础教育中的学校阶层分割与学生教育期望［J］. 中国社会科学（4）：111-134，207-208.

夏怡然，陆铭，2015. 城市间的“孟母三迁”：公共服务影响劳动力流向的经验研究［J］. 管理世界（10）：78-90.

邢春冰，贾淑艳，李实，2013. 教育回报率的地区差异及其对劳动力流动的影响［J］. 经济研究（11）：114-126.

熊易寒，2010. 中国教育中的阶级再生产［J］. 文化纵横（4）：70-73.

徐俊武，易祥瑞，2014. 增加公共教育支出能够缓解“二代”现象吗?：基于 CHNS 的代际收入流动性分析［J］. 财经研究（11）：17-28.

徐晓新，张秀兰，2016. 将家庭视角纳入公共政策：基于流动儿童义务教育政策演进的分析［J］. 中国社会科学（6）：151-169，207.

许召元，高颖，任婧玲，2008. 农民工子女就学地点选择的影响因素分析［J］. 中国农村观察（6）：12-21，80.

阳立高，龚世豪，王铂，等，2018. 人力资本、技术进步与制造业升级［J］. 中国软科学（1）：138-148.

杨娟，宁静馨，2019. 以教控人是否有效?：基于北京、上海两地抬高随迁子女入学门槛政策的比较分析［J］. 教育与经济（1）：65-74.

杨娟，赖德胜，邱牧远，2015. 如何通过教育缓解收入不平等?［J］. 经济研究（9）：86-99.

杨俊，黄潇，李晓羽，2008. 教育不平等与收入分配差距：中国的实证分析［J］. 管理世界（1）：38-47，187.

杨晓军，陈浩，2020. 中国城乡基本公共服务均等化的区域差异及收敛性［J］. 数量经济技术经济研究（12）：127-145.

叶敬忠，王伊欢，张克云，等，2006. 父母外出务工对留守儿童生活的影响［J］. 中国农村经济（1）：57-65.

易志高，茅宁，2009. 中国股市投资者情绪测量研究：CICSI 的构建［J］. 金融研究（11）：174-184.

张爱民，祝春山，许丹健，2001. 上市公司财务失败的主成分预测模型及其实证研究［J］. 金融研究（3）：10-25.

张辉蓉，盛雅琦，罗敏，2019. 我国义务教育均衡发展 40 年：回眸与反思：基于数据分析的视角［J］. 西南大学学报（社会科学版）（1）：72-80，194.

张吉鹏，黄金，王军辉，等，2020. 城市落户门槛与劳动力回流［J］. 经济研究（7）：175-190.

张吉鹏，卢冲，2019. 户籍制度改革与城市落户门槛的量化分析［J］. 经济学（季刊）（4）：1509-1530.

张楠，林嘉彬，李建军，2020. 基础教育机会不平等研究［J］. 中国工业经济（8）：42-60.

张鹏举，王皓文，2021. 县域义务教育优质均衡发展困境与应对策略探究［J］. 吉林省教育学院学报（10）：141-144.

张苏，曾庆宝，2011. 教育的人力资本代际传递效应述评［J］. 经济学动态（8）：127-132.

AGOSTINELLI F，2017. Identification of dynamic latent factor models：the implications of re-normalization in a model of child development ［Z］. Cambzidge：NBER.

AGOSTINELLI F，SORRENTI G，2022. Money vs. time：family income，maternal labor supply，and child development ［Z］. Chicgo：HCEO.

ALMLUND M，DUCKWORTH A L，HECKMAN J，et al.，2011. Personality Psychology and Economics ［M］ //Handbook of the economics of education.

ALMOND D，2006. Is the 1918 influenza pandemic over? Long-term effects of in utero influenza exposure in the post-1940 U.S. population ［J］. Journal of Political Economy，114 （4）：672-712.

ALMOND D，CURRIE J，2011. Killing me softly：the fetal origins hypothesis ［J］. Journal of Economic Perspectives，25 （3）：153-172.

ALMOND D，CURRIE J，DUQUE V，2018. Childhood circumstances and adult outcomes：act II ［J］. Journal of Economic Literature，56 （4）：1360-1446.

AMUEDO-DORANTES C, POZO S, 2010. Accounting for remittance and migration effects on children's schooling [J]. World Development, 38 (12): 1747-1759.

ATTANASIO O, MEGHIR C, NIX E, 2014. Human capital development and parental investment in India [J]. Oxford Review of Education, 58 (2): 1-25.

ATTANASIO O, MEGHIR C, NIX E, et al., 2017. Human capital growth and poverty: evidence from Ethiopia and Peru [J]. Review of Economic Dynamics (25): 234-259.

BAI Y, ZHANG L, LIU C, et al., 2018. Effect of parental migration on the academic performance of left behind children in north western China [J]. The Journal of Development Studies, 54 (7): 1154-1170.

BASTIAN J, LOCHNER L, 2020. The EITC and maternal time use: more time working and less time with kids? [J]. Labor Economics, 40 (3): 573-611.

BAYER P, MCMILLAN R, RUEBEN K S, 2003. An equilibrium model of sorting in an urban housing market: the causes and consequences of residential segregation [D]. New Haven: Economic Growth Center, Yele University.

BECKER G S, 1964. Human capital: a theoretical and empirical analysis with special reference to education [M]. Chicago: The University of Chicago Press.

BEHRMAN J R, ROSENZWEIG M R, 2004. Returns to birthweight [J]. Review of Economics and Statistics, 86 (3): 586-601.

BEHRMAN J R, CALDERON M C, PRESTON S H, et al., 2009. Nutritional supplementation in girls Influences the growth of their children: prospective study in Guatemala [J]. The American Journal of Clinical Nutrition, 90 (5): 1372-1379.

BLUNDELL R, CHIAPPORI P A, MEGHIR C, 2005. Collective labor supply with children [J]. Journal of Political Economy, 113 (6): 1277-1306.

BORGHANS L, DUCKWORTH A L, HECKMAN J J, et al., 2008. The economics and psychology of personality traits [J]. Journal of Human Resources, 43 (4): 972-1059.

BRANDT L, TOMBE T, ZHU X, 2013. Factor market distortions across time, space and sectors in China [J]. Review of Economic Dynamics, 16 (1): 39–58.

BROWNING M, BOURGUIGNON F, CHIAPPORI P A, et al., 1994. Income and outcomes: a structural model of intrahousehold allocation [J]. Journal of Political Economy, 102 (6): 1067–1096.

BUERA F J, KABOSKI J P, SHIN Y., 2011. Finance and development: a tale of two sectors [J]. American Economic Review, 101 (5): 1964–2002.

CAMPBELL F, CONTI G, HECKMAN J J, et al., 2014. Early childhood investments substantially boost adult health [J]. Science, 343 (6178): 1478–1485.

CHEN X, HUANG Q, ROZELLE S, et al., 2009. Effect of migration on children's educational performance in rural China [J]. Comparative Economics Studies, 51 (3): 323–343.

CHEN Y, ZHANG L, 2015. Public education spending and private substitution in Urban China [J]. Journal of Development Economics (115): 124–139.

CHEN Y, FENG S, 2017. Quality of migrant schools in China: evidence from a longitudinal study in Shanghai [J]. Journal of Population Economics, 30 (3): 1007–1034.

CHEN Y, FENG S, 2013. Access to public schools and the education of migrant children in China [J]. China Economic Review (26): 75–88.

CHETTY R, JACKSON M O, KUCHLER T, et al., 2022. Social capital i: measurement and associations with economic mobility [J]. Nature, 608 (7921): 108–121.

CHIAPPORI P A, 1992. Collective labor supply and welfare [J]. Journal of Political Economy, 100 (3): 437–467.

CUNHA F, HECKMAN J J, 2008. Formulating, identifying and estimating the technology of cognitive and noncognitive skill formation [J]. Journal of Human Resources, 43 (4): 738–782.

CUNHA F, HECKMAN J J, SCHENNACH S M, 2010. Estimating the technology of cognitive and noncognitive skill formation [J]. Econometrica, 78 (3): 883–931.

CURRIE J, ALMOND D, 2011. Human capital development before age five [M] //Handbook of labor economics. Amsterdam: North Holland.

DAHL G B, 2002. Mobility and the return to education: testing a roy model with multiple markets [J]. Econometrica, 70 (6): 2367-2420.

DEL BOCA D, FLINN C, WISWALL M, 2014. Household choices and child development [J]. Review of Economic Studies, 81 (1): 137-185.

DIAMOND R, 2016. The determinants and welfare implications of US workers' diverging location choices by skill: 1980-2000 [J]. American Economic Review, 106 (3): 479-524.

DING Y, LU F, YE X, 2020. Intergovernmental transfer under heterogeneous accountabilities: the effects of the 2006 Chinese education finance reform [J]. Economics of Education Review (79): 102017.

DUNCAN G J, BROOKS-GUNN J, KLEBANOV P K, 1994. Economic deprivation and early childhood development [J]. Child Development, 65 (2): 296-318.

EATON J, KORTUM S, 2002. Technology, geography, and trade [J]. Econometrica, 70 (5): 1741-1779.

ECKERT F, KLEINEBERG T, 2021. Saving the American dream? Education policies in spatial general equilibrium [R]. Washington, D C: The World Bank.

EDWARDS A C, URETA M, 2003. International migration, remittances, and schooling: evidence from El salvador [J]. Journal of Development Economics, 72 (2): 429-461.

FAJGELBAUM P D, GAUBERT C, 2020. Optimal spatial policies, geography, and sorting [J]. Quarterly Journal of Economics, 135 (2): 959-1036.

FRANCESCONI M, HECKMAN J J, 2016. Child development and parental investment: introduction [J]. The Economic Journal, 126 (598): F1-F27.

GARCÍA J L, 2021. The dynastic benefits of early childhood education [J]. Joural of Human Capital, 18 (1): 44-73.

GARCÍA J L, HECKMAN J J, 2021. Early childhood education and life-cycle health [J]. Health Economics (11): 119-141.

HSIEH C T, MORETTI E, 2019. Housing constraints and spatial misallocation

[J]. American Economic Journal: Macroeconomics, 11 (2): 1-39.
HSIEH C T, KLENOW P J, 2009. Misallocation and manufacturing TFP in China and India [J]. Quarterly Journal of Economics, 124 (4): 1403-1448.
LUCAS R E, 1988. On the mechanics of economic development [J]. Journal of Monetary Economics, 22 (1): 3-42.
MINCER J, 1958. Investment in human capital and personal income distribution [J]. Journal of Political Economy, 66 (4): 281-302.
ROMER P M, 1986. Increasing returns and long-run growth [J]. Journal of Political Economy, 94 (5): 1002-1037.
SCHULTZ T W, 1961. Investment in human capital [J]. American Economic Review, 51 (1): 1-17.
TIEBOUT C M, 1956. A pure theory of local expenditures [J]. Journal of Political Economy, 64 (5): 416-424.